『バス・ジャパン』編集長が教える

+BUS
001

バス趣味入門

いまさら聞けない100の疑問

加藤佳一

天夢人
Temjin

はじめに

　近年、路線バスの乗り継ぎをテーマにしたテレビ番組が高い視聴率をあげている。駅やターミナルで、バスにカメラを向けているファンを見かける機会も多くなった。筆者がバスに関する出版物を手がけるようになった1980年代に比べ、世間一般のバスへの関心度が、明らかに高くなっていることを感じている。

　ところが、バスに関する出版物の売れ行きは、決してよいとはいえない。一般的なクルマの本・雑誌との差は歴然で、鉄道との本・雑誌と比べても、かなり部数が少ないのが現状である。たとえば、筆者の周囲の鉄道ファンには、それとなくバスに興味を持っている人が少なくない。しかし、実際にお金を出してバスの本・雑誌を買ったり、わざわざバスに乗りに出かけたりする人はわずかである。

　バスの出版物に携わって35年、気づいてみれば、いつのまにか筆者が知っていることを当然の知識として、記事を執筆している自分がいた。バス事業者の多くが常連客を相手に商売しているように、筆者自身も長年の読者を相手に記事づくりをしている気がする。たとえば、バス特有の用語についても、とくに解説などは行っていない。これでは、新たなバスファンを獲得することはできないだろう。

　そんな折、株式会社天夢人から「バス趣味入門」の原稿依頼をいただいた。これは願ってもない機会である。ここは一度、筆者自身も初心に帰り、日本のバスの世界を一からまとめてみよう。こうした思いから執筆したのが本書である。

　まずは第1章として、バスという車両について紹介した。バスファンの多くが車両ファンなので、車両の発達史や現行モデルの特徴などを解説した。続く第2章では、バスという業界について紹介した。緑ナンバーをつけた営業用のバスを運行しているバス事業者の歴史と現況である。第3章では、乗りバスのノウハウについて紹介した。とくに、鉄道とバスの旅の違いについて焦点をあててみた。第4章では、撮りバスのノウハウについて紹介した。鉄道写真には不要で、バスの写真だけに求められる撮影のコツなどを解説した。最後に第5章として、バスの模型、そしてバスの保存について紹介した。模型だけでなく実物を所有できるのがバスの醍醐味ではあるが、そのためには相応の覚悟が必要であることも解説している。

　本書の内容は、あくまでも入門編である。それぞれに枝分かれして、詳細な世界が存在する。また本書の内容に合致しない例外もある。しかし本書をきっかけとして、読者諸氏に少しでもバスへの興味を高めていただき、自分が探求したいバスの世界を見つけていただければ、筆者としてはこのうえない喜びである。

2021年6月　加藤佳一

第2章　バスという業界を知る

第3章　乗りバスを知る

第4章 撮りバスを知る

第5章 模型と保存を知る

第 ① 章

バスという車両を知る

バスは
セミオーダーメイド商品

　バスファンの多くは、バスという車両そのものに興味を抱いている。しかし、バスは乗用車と同様にメーカー側が設計する商品であり、全国に同じスタイルの車両が走っている。ではなぜ、多くのファンがバスに魅せられるのだろうか。

　一般的に、鉄道車両は完全なオーダーメイドである。鉄道事業者が独自に、またはメーカーとともに設計し、スタイルや下まわり、室内仕様などを決定する。近年はJR東日本のE231系やE233系に似た電車が数社で見られるようになったものの、北海道から九州まで、全国を走り回っているような車両は存在していない。

　一方、乗用車はメーカーがスタイルも下まわりも室内仕様も決めたうえで、グレードという選択肢をユーザーに提供。ユーザーは自分の好みと予算にもとづいてグレードを選び、そのグレードの標準仕様とオプションのなかから、ボディカラーや内装品の種類と色などを選んで、自分の理想に近い一台をつくりあげる。

　バスも自動車であるから、基本的には乗用車と同じように、メーカーがスタイルと下まわりと室内仕様を決め、いくつかのグレードを用意。バス事業者は自社の使用環境と予算にもとづき、必要な車種を必要な台数だけ購入している。

　ただしバスは、オプション仕様や装備品の種類が多岐にわたり、セミオーダーメイドといってもよい商品である。たとえば路線バスの現行モデルであるいすゞエルガを例に見てみよう。ボディスタイルでは、側窓の1枚1枚を固定型にするか逆T字型（上部が引き違い式で開き、下部が固定式のもの）にするか。LED表示器は3色・白色・フルカラーのどれをどこにつけるか。燃料タンクは左側にするか右側にするか。通風装置はどんな

タイプをどこに何個つけるか。さらに外観からはわからないトランスミッションや座席配置にも選択肢がある。そして北海道や東北では、ドアやミラーなどにヒーターを設置した寒冷地仕様が納入されている。

そしてこれはあくまでも、かなり仕様が絞られた現行モデルの例である。かつては床の高さ、ドアの位置と形状、窓の形とサッシの色、方向幕の大きさと位置、冷房装置のメーカー、テールランプの形など、数えきれない選択肢があった。

こうしたオプション仕様や装備品は、事業者ごとに異なるだけではなく、同じ事業者でも購入時期や配置営業所、使用路線などにより異なる例がある。そしてバスのなかには中古車として別の事業者に移籍するものがあり、移籍先に合わせた改造が行われる場合もある。バスに興味がない人にはまったく同じように見えるバス。その細かな違いを掌握する楽しさが、バスファンを魅了するのである。

西武バスの三菱エアロスターノンステップバス。2012年式のA2-681は銀色サッシの側窓だったが、同年の途中で西武バスが仕様を変更したため、2013年式のA3-505は黒色サッシに

京阪バスの日野ブルーリボンⅡワンステップバス。多くの営業所で活躍する一般タイプは逆T字型窓だが、一部の営業所に配置されている2人掛けシートタイプは引き違い窓である

ボディとシャーシは
別の会社がつくる

　バスのメーカーといえば、通常はシャーシメーカーをさす。シャーシとは自動車を支える骨格であり、ボディ以外の部分を製造しているメーカーである。しかし、街を走っているバスのシャーシは見えない。私たちがバスの形を認識するのはボディのほうである。バスのボディはどこの会社が製造しているのだろうか。

　国産バスの黎明期にあたる戦前の車両は小さく、バスはシャーシメーカーの自社工場や小さな町工場で製造されていた。復興輸送のために交通需要が急増した戦後は、バスも大型になっていき、シャーシとボディは別々のメーカーで製造されるようになった。戦前から続く帝国自動車工業に加え、戦時中の航空機の製造技術を生かして、富士重工業、金沢産業、川崎航空機、三菱重工、呉羽自動車工業、新日国工業がバスボディの製造に参入した。また西鉄が西日本車体工業、京成が京成自動車工業を設立し、自社と近隣事業者のバス車体の製造を手がけた。さらに新潟では北村製作所が創業し、関東・信越・東北にバス車体を納入した。

　ボディメーカーは当初、複数メーカーのシャーシにボディを架装したが、1960年代に入ると、シャーシメーカーとの系列化が進み、合併も行われた。1970年代には、いすゞ＝川重車体工業、日産ディーゼル＝富士重工業、日野＝日野車体工業、三菱＝三菱自動車工業・呉羽自動車工業という組み合わせができあがる。

　ただし、富士重工業は日産ディーゼル以外のシャーシにもボディを架装し、西日本車体は上記4メーカーのシャーシにボディを架装して関西以西の事業者に納入していた。したがって、メーカーの系列化後も両社のボディには4メーカーのバスがあり、わずかな窓配置の違いやエンジンルームのルーバーの位置と形で識別するのが、バスファンの楽しみでもあった。

九州産交バスのまったく同じ型式（シャーシ）の日野製ワンステップバス。99（左）は日野の純正ボディ、177（右）は西日本車体工業のボディを架装されており、外観が大きく異なっている

関東鉄道の富士重工 HD I 型ボディが架装されたハイデッカー。シャーシは 1588（左）がいすゞ、1532（右）が三菱ふそうで、ヘッドライトやエンジンルームの通気口などが異なる

　しかし、日産ディーゼルのボディ架装メーカーの変更とその後のバス製造・販売の打ち切りによって、富士重工業は 2003 年にバスボディ製造から撤退。西日本車体工業は 2010 年に会社の解散を決めた。このため、それらのボディは今日までにかなり減少しつつある。

　現在は、（川重車体工業→アイ・ケイ・コーチ→）いすゞバス製造と日野車体工業が合併したジェイ・バスがいすゞと日野のシャーシに、（呉羽自動車工業→新呉羽自動車工業→三菱自動車バス製造→）三菱ふそうバス製造が三菱ふそうのシャーシにボディを架装している。また小型車については、三菱ふそうが三菱ふそうバス製造、トヨタ自動車が自社工場でボディ架装している。日産自動車は日産車体でボディ架装した小型車を製造してきたが、2021 年 6 月に販売を終了した。

国産バスメーカーは
いま

　次に、いわゆるバスメーカーと呼ばれるシャーシメーカーを見ていこう。現在、国内でバスを製造・販売しているメーカーには、いすゞ自動車、日野自動車、三菱ふそうトラック・バス、トヨタ自動車、日産自動車の5社がある。

　いすゞ自動車は1893年に設立された東京石川島造船所がルーツである。1922年にイギリス・ウーズレー社の日本向け自動車の製造を開始し、1927年に純国産車の「スミダ」の製造・販売を開始した。その後、他社の吸収合併や分離などで何度か社名が変わったあと、戦後の1949年に今日の社名のいすゞ自動車となった。現在のラインナップは大型路線タイプのエルガ、大型観光タイプのガーラ、中型路線タイプのエルガミオ、中型観光タイプのガーラミオ、大型ハイブリッドバスのエルガハイブリッド、連節ハイブリッドバスのエルガデュオとなっている。

　日野自動車は1910年に設立された東京瓦斯（ガス）工業がルーツである。1918年に軍用自動車の製造を開始し、一時期は上記の石川島と合併していたものの、数年で再び分離・独立したあと、高度経済成長期の1959年に日野自動車工業に、販売会社と合併して1999年に今日の社名の日野自動車

京成タウンバスのいすゞ製大型路線タイプのエルガ。同社には中型のエルガミオも在籍

JRバス東北の日野製大型観光タイプのセレガ。同社では高速バスとしても使用されている

になった。現在のラインナップは大型路線タイプのブルーリボン、大型観光タイプのセレガ、中型路線タイプのレインボー、中型観光タイプのメルファ、小型路線タイプのポンチョ、小型観光タイプのリエッセⅡ、大型ハイブリッドバスのブルーリボンハイブリッド、連節ハイブリッドバスのブルーリボンハイブリッド連節バスとなっている。

　三菱ふそうトラック・バスは1917年に設立された三菱造船がルーツである。翌年に国産乗用車を開発し、1932年に国産バスを完成させて「ふそう」と命名した。その後、何度か社名を変えたあと、1970年に自動車部門が独立して三菱自動車工業となり、2003年にトラック・バス部門が独立して三菱ふそうトラック・バスとなった。現在のラインナップは大型路線タイプのエアロスター、大型観光タイプのエアロクィーン・エアロエース、小型観光タイプのローザとなっている。

　トヨタ自動車と日産自動車もかつては大型バスを製造していたが、1960〜1970年代にこれを打ち切った。しかし、トヨタは2018年に燃料電池バスを自社ブランド「SORA」として発売し、半世紀ぶりに大型バス市場に返り咲いたほか、小型観光タイプのコースター、ワンボックス商用タイプのハイエースコミューターを販売している。日産自動車は小型観光タイプのシビリアンの販売を2021年6月に終了したため、ワンボックス商用タイプのキャラバンが唯一のバスとなっている。

越後交通の三菱ふそう製大型路線タイプのエアロスター。長岡駅と周辺の町を結んでいる

名鉄バスの三菱ふそう製大型観光タイプのエアロエース。昼行高速バス用の車両である

そもそも
バスの定義って何？

　Point003のトヨタや日産のラインナップを見て、自家用車として数多く見かけるハイエースやキャラバンがあげられていることに違和感を持った読者がいるかもしれない。そこで、国内におけるバスの定義を確認しておきたいと思う。

　日本の自動車につけられるナンバープレートで、普通乗合車に分類されるものをバスと呼んでいる。このなかには乗車定員11人以上30人未満の中型乗用自動車と乗車定員30人以上の大型乗用自動車があり、前者は中型以上、後者は大型以上の運転免許証がなければ運転できない。トヨタハ

関越交通のトヨタハイエースコミューター。
沼田市のコミュニティバスとして活躍する

近鉄バスの日野レインボー。道が狭い路線や
比較的乗客が少ない路線で使用される中型車

阪急観光バスの日野セレガ。全長12mフルサイズ・60人乗りの貸切用ハイデッカーである

西日本JRバスサービスの日野セレガ。全長
9m・大型車幅の貸切車を中型と呼ぶ事業者も

イエースコミューター、日産キャラバンの定員は 14 人程度なので、トヨタコースター、日野リエッセⅡ、三菱ローザと同じマイクロバスの仲間になる。 また法令でいう小型車は全長 7m 未満・全幅 2.3m 未満の車両をさすので、ボディの大きさがこの規格内で、一部の仕様の乗車定員が 30 人を超える日野ポンチョも、マイクロバスではないが小型車である。

　中型車とは全長 7m 以上 9m 未満・全幅 2.3m 以上 2.4m 未満の車両で、いすゞエルガミオ・ガーラミオ、日野レインボー・メルファが該当する。現在は生産されていない中型車幅・7m タイプと中型車幅・10.5m タイプは、小型と中型、中型と大型の合いの子のような存在だったので、前者がチョロ Q、中型ショート、小型、後者が中型ロング、大型ナローなど、バス事業者ごとに独自の呼び名で分類していた。

　大型車とは全長 9m 以上 12m 以下・全幅 2.3m 以上 2.5m 以下の車両で、いすゞエルガ・エルガハイブリッド・ガーラ、日野ブルーリボン・ブルーリボンハイブリッド・セレガ、三菱エアロスター・エアロエース・エアロクィーン、トヨタ SORA が該当する。 ガーラ、セレガ、エアロエースの 9m タイプは、全幅が 2.3m 以上なので大型車に分類されるが、バス事業者によっては中型と呼んでいる場合もある。

　全長 12m 超・全幅 2.5m 超の車両は特大車と呼ばれ、全幅は 2.5m 以下ながら全長が 18m 近くあるいすゞエルガデュオと日野ブルーリボンハイブリッド連節バスが該当する。 また Point027 で紹介する外国車の一部も特大車である。 さらに空港ランプバスの一部も広幅だが、公道を走るわけではないので特段分類されていない。

　なお、大型車には全長と全幅のほか、全高 3.8m 以下という縛りもあり、これを超えると特大車となる。特大車が公道を走る場合、国道事務所などの関連機関に通行許可申請をしたうえで、許可された経路だけで使用しなければならない。全長の長い連節バスはもちろん、ヨーロッパ製のバスも全幅や全高が法令の規定を越えているものが多く、日本向けにサイズダウンして大型車の規格にしている例がある。

005　ボンネットバスから
リヤエンジンバスへ

　いま国内で生産されているバスは、大型から小型まですべて箱形である。そしてエンジンは、大型・中型と小型の一部が車体最後部の床下、小型のほとんどが車体最前部の床下に搭載されている。しかし、バスは最初からこの形ではなかったのである。

　日本で最初の乗合バスは1903年9月20日、京都市の二井商会が堀川中立売〜七条・祇園間で運行した。この日は現在「バスの日」とされており、このときのバスはアメリカ製の蒸気自動車だった。その後、全国で営業を開始した乗合バスでは、フォードやシボレーなど主にアメリカ製の自動車が活躍し、省営自動車（のちの国鉄自動車）が開業すると、国内の自動車産業育成のために国産自動車が開発された。これらはすべてガソリンエンジンを車体の前のボンネットに搭載していた。

　1937年の日中戦争以降は軍事体制となり、ガソリンの供給が規制されるようになった。バスは後ろの車外にガス発生装置を積んだ代燃車に改造され、木炭や薪、コーライトなどを不完全燃焼させて発生したガスでエンジンを動かした。

　戦後、石油製品の配給制が実施されると、ガソリンより入手しやすい経由を燃料とし、ガソリンエンジンより燃費が良いディーゼルエンジンがバスの主流となっていく。天然ガスが産出される新潟県を中心に、天然ガスバスも使用されている。また復興輸送により交通需要が急増したため、少しでも定員を増やそうと、前部のエンジンの上まで車体を延ばして箱形にしたキャブオーバーバスが増加した。ボンネットトラックのヘッドに客車をつないだトレーラーバスも登場した。

　1949年には富士産業（のちの富士重工業）が国内初のモノコックリヤエンジンバスを完成させた。モノコックとは骨格に頼らずに外板同士を接

合していく工法である。車体最後部の床下にエンジンを収納したリヤエンジンスタイルは、収容力や軸重バランス、静粛性などに優れ、その後の国産バスの主力に成長した。

　一方、1952年には日野自動車がホイールベース間の床下にエンジンを吊り下げたセンターアンダーフロアエンジンバスを発売した。こちらも収容力があり、駆動装置の単純化や扉位置の自由度の高さも利点だった。日野独自のスタイルであるセンターアンダーフロアエンジンバスは、1970年代まで製造が続けられた。またボンネットバスとキャブオーバーバスは、大量輸送より狭隘路などでの使いやすさが求められる地方路線を中心に、1960年代まで導入されていた。

　なお、1958年にトヨペットが国内初の小型バスを発売した。トラックをベースにしたこの車両はキャブオーバーで、今日まで続く小型車のスタイルとなった。

いすゞの前身にあたる石川島製のボンネットバス「スミダ」（写真提供：東京都交通局）

日産ディーゼルの前身にあたる民生製のキャブオーバーバス（写真提供：東京都交通局）

富士重工の前身にあたる富士産業が開発したリヤエンジンバス（写真提供：東京都交通局）

日野が独自に生産したセンターアンダーフロアエンジンバス（写真提供：東京都交通局）

ワンマン化が生んだ
さまざまなスタイル

　現在の最新モデルのバスを見ると、一般路線バスの乗降扉は最前部と中央の2か所にあり、高速バスや貸切バスは最前部の1か所にある。しかし、数年前までの路線バスの乗降扉は位置も形状もさまざまで、車両ファンを楽しませてくれた。そもそも車掌が乗務していたツーマン時代には、ボンネットバスであろうと、リヤエンジンバスであろうと、乗客の乗降扉は最前部または中ほどの1か所だった。扉の仕様がバラエティ豊かになったのは、1960年代のワンマン化以降である。

　運輸省は車掌が乗らないワンマンバスを認可するにあたり、さまざまな構造規格を決定した。そのなかのひとつに「乗降扉の分離」というものがあった。ワンマン化は当初、都市部の均一運賃区間が中心だったので、前乗り・先払い方式が採用され、車両に前扉と中扉が設けられた。中扉には前扉と同じ折戸のほか、広い幅が確保できる引戸も採用された。また初期のワンマン車はツーマンで運用する機会も考慮した兼用車で、中扉の後ろには引き違い式の車掌用の窓が残されていた。しかし次第にこの窓は廃止され、1980年代にはほとんど見られなくなった。

　関西地方の都市部や多区間運賃の地方では、ワンマン専用の前後扉車が

千曲バスが採用した前中扉のワンマン兼用車。中扉は折戸で、中扉の後ろに車掌窓が残る

常磐交通自動車が採用した前後扉のワンマン車。いすゞ製には北村ボディも架装していた

採用された。こちらも後扉には折戸と引戸がある。前後扉車は車内の乗客が一部に固まらないという利点があるため、バスが低床化される2000年代まで導入された。

　東京のJR中央線沿線に路線を持つ関東バスでは、ラッシュ時等の乗降時間の短縮を図るため、1964年から3扉車の採用を開始した。3扉車は1995年まで新製が続けられ、同社の象徴的な存在になった。3扉車は同じように通勤輸送を担う事業者でも採用され、東京急行電鉄、京王電鉄、西武バス、東武鉄道、京成グループ、名古屋市交通局、奈良交通、南海電気鉄道などに広まっていった。ただし、中扉と後扉に折戸・引戸のどちらを採用するか、3つの扉を乗降のどちらに使うかはさまざまだった。

　福岡県全域に路線を広げる西日本鉄道では、1972年に前中扉車の中扉を両側に開く広幅4枚折戸とした車両を新製した。乗客が2列で乗車できるため、乗車時間を大幅に短縮することができ、以後の同社の標準仕様となった。広幅4枚折戸は1980年代に広島市域や首都圏などでも採用されたが、工場地帯の輸送を担う京浜急行電鉄では、両開きの引戸という独自仕様の車両を1980年代に導入した。

　着席定員の確保が必要な山岳路線や長距離路線では、特例として前扉だけのワンマン車が認められた。こうした路線の車両や貸切バスを経年とともに一般路線に転用する例もあり、中扉を増設改造したユニークなバスも活躍していた。

京王帝都電鉄が導入した3扉車。多摩営業所には三菱製、府中営業所にはいすゞ製を配置

京浜急行電鉄が大森営業所に投入した中扉が両開きの長尺車。通勤輸送に威力を発揮した

1980〜1990年代の
バスは西高東低?

　ワンマン化により仕様が多彩になった路線バスだが、自分が住む地域以外のバスに触れる機会はあまりないため、日ごろ見慣れたバスの仕様が全国的な標準であるかのように錯覚してしまう。しかし、学生時代の1980年代に全国を旅するようになった筆者は、主に西日本の路線バスの車両を見て驚かされることが多かった。

　初めに気づいたのは、首都圏のバスでは見かけないブラインドやカーテンが、西日本のバスにはあたりまえのようについていたこと。冷房化率やエアサス率も高く、広島や福岡では4枚折戸の中扉が標準になっていた。側窓も首都圏のバスのような2段サッシではなく、貸切バスのような引き違い型や逆T字型が多く、奈良交通には固定窓の車両まであった。座り心地の良いハイバックシートに身をゆだねたことも思い出される。首都圏のバスは10年ほど遅れているような気がした。

　逆に、信州や東北、北海道では、1990年代の初めまで非冷房車を新製している事業者があった。ローカル路線では、バスの接近を住民に知らせるために音楽を流しながら走る「メロディーバス」にも遭遇した。長距離路線や観光路線では、貸切バスから転用されたリクライニングシートのバ

西日本鉄道が1972年から採用した4枚折戸の
中扉。ワンステップバスにも踏襲されている

1987年にエアサス、1990年に逆T字型窓を
採用し、車両をグレードアップした京都市交通局

スケルトンタイプのボディの採用に合わせて、
路線バスを固定窓仕様に変更した奈良交通

寒冷地では1990年代まで非冷房車を新製。
松本電気鉄道の1992年式の三菱エアロスター

スに乗ることもできた。1990年代までのバスは、その土地特有のさまざまな仕様が盛り込まれたものだった。

運輸省は1988年、都市新バスシステム事業に対する補助を開始した。都市新バスとは、基幹的な路線バスの利便性を改善するため、バスロケーションシステムの導入、バス専用レーンの設置、ハイグレード車両の導入などにより、利用者の増加を図ろうという取り組みで、東京都交通局の渋谷駅〜新橋駅間、新潟交通の新潟駅〜内野営業所・新潟大学間が第1号となった。新潟交通は同社にまだ少なかった冷房車を大量に新製して投入し、東京都交通局は中扉4枚折戸・逆T字型窓でハイバックシートを備えた専用車を投入した。都市新バスはその後、多くの都市で採用されることとなり、一般路線の車両のレベルアップにも大いに貢献した。

路線バスの新車がノンステップバス中心になった2000年代には、車両購入に国や自治体の補助金を利用する制約もあり、車両の仕様は全国的にかなり統一された。全車種がエアサスとなり、逆T字型窓が標準になった。ブラインドやカーテンは、UV吸収ガラスなどの採用により、西日本でも多くの事業者が廃止した。また座席もメーカー標準品を選ぶ事業者がほとんどになり、豪華なハイバックシートは広島電鉄など一部の事業者でしか見られなくなった。地域や事業者ごとの差異はPoint001であげたような細かな点だけになりつつあるのが現状といえよう。

車椅子の乗降を
可能にしたリフトバス

　路線バスがワンステップやノンステップになった現在は、車椅子利用者もスロープ板を使って乗降できるが、そのきっかけをつくったのはリフトバスである。

　かつて東京都交通局は養護学校（現在の特別支援学校）のスクールバスを受託運行していた。経年の貸切バスが転用されていたため、車椅子の児童・生徒の乗降を介助する添乗員の労力はとても大きかった。そこで東京都交通局は1973年、車椅子のまま乗降できるバスの開発に着手。当時はまだツーステップだったバスの中扉を拡幅し、電動油圧式リフトを装着したバスを製造した。リフトの操作は中扉の後ろの車内から添乗員が行い、車内で車椅子を固定する器具も設置した。

　同型の車両は養護学校スクールバスを運行する自治体・事業者に広がり、一般路線バスへのリフトの装着を望む声があがり始めた。そこで大阪市交通局は、日野自動車・京都市交通局・神戸市交通局と共同でリフトつき路線バスの開発を行い、1991年から運行を開始した。スクールバスとは違いワンマン運行なので、電動リフトは前扉を拡幅して装着し、運転士が運転席から操作できる構造とした。車内には跳ね上げ式の横向きシートを設置し、ここに車椅子を固定できるレイアウトとした。この大阪市・京都市・神戸市のリフトバスは、操作性には優れていたものの、前部の通路幅の確保が難しいなど車内レイアウトに無理があった。そこで他のバス事業者では中扉にリフトを装着し、運転士は中扉付近

大阪市・京都市・神戸市の交通局で導入されたリフトバスは、リフトを前扉に装備している

の車外からリフトを操作する構造で導入した。車両価格が高いリフトバスは当初、公営交通だけが採用したが、1993年の山梨交通を皮切りに民間会社でも導入が進められた。

中扉にリフトを装着した横浜市交通局のリフトバス。同型車が多くの事業者で採用された

並行して高速バスや貸切バスにも、リフトつきの車両が登場している。左側面の中央に外開きの扉を新設し、ここに電動リフトを装着した。運転士やガイドは車外からリフトを操作した。当初はリフト部分に座席がない仕様だったが、のちに可動式の座席が取り付けられるようになった。一般路線バスでは、ワンステップバスやノンステップバスの登場でリフトバスが役割を終えたが、高速バス・貸切バスでは、車椅子がスロープ板で1階に乗降できるダブルデッカーとともに、バリアフリー車両として一定数のリフトバスの新製が続けられている。

東京オリンピック・パラリンピックの開催が迫った2018年には、三菱エアロエースにエレベーターつきバスが加わった。車体の外側に飛び出すリフトとは異なり、エレベーターは車両の内部についている。このため、停車場所の道路状況にかかわらず乗降でき、雨天でも濡れないというメリットがあるバスである。

京浜急行バスが空港リムジンバスに運用しているリフトつきの日野セレガハイデッカー

大阪空港交通が導入したエレベーターつきの三菱エアロエース。雨に濡れずに乗降できる

少しでも床を低く！
との闘い

　リフトバスはバスのバリアフリー化に大きく貢献したが、乗降に時間がかかるという欠点を抱えていた。また高齢化社会を迎えたことで、車椅子利用者に限らず、すべての人たちが乗り降りしやすいバスを求めるニーズが高まった。そこで路線バス車両では、少しでも床を低くしようという取り組みが行われてきた。

　実は、路線バスの低床化は今日のような高齢化社会となる以前から始まっていた。三菱は1969年にはワンステップバス、1984年にはノンステップバスを試作している。しかし、これらは特殊なアクスル（車輪をつなぐ車輪）と伝達機構を用いた高価な車両で、営業車として走ったものはわずかだった。各社が市販している車両の床の高さは、在来車の約95cmから、1970年代には80cm程度、1980年代には70cm程度まで下げられたものの、依然としてツーステップバスであることに変わりはなかった。

　そんななか、京浜急行電鉄と日野は1988年、大型路線車のアクスルを改良して偏平タイヤを履かせた床高65cmのワンステップバスを開発。以後の京急の標準仕様として増備した。のちに京急の他メーカーの新車もワンステップバスとなり、同じタイプが川崎鶴見

京浜急行電鉄が日野自動車とともに開発したワンステップバス。床高65cmを実現している

東京都交通局が4メーカーと開発したワンステップバス。中扉にスロープ板を装備している

臨港バスや京王電鉄でも活躍を開始した。1989年には日産ディーゼルが、床高63cmの中型ワンステップバスを市販モデルとして発売した。

　さらに東京都交通局は1991年、4メーカーと共同開発した床高58〜59cmのワンステップバスを導入。新宿に移転した都庁と新宿駅を結ぶ系統や沿線に医療施設などがある系統に配置した。各メーカーとも独自の伝達機構で最後部までフラットな床を実現。いずれも3扉仕様で中扉に電動スロープ板を装備し、初めてリフト以外で車椅子の乗降を可能にした。翌年からは2扉仕様・中扉リフトつきに変更して増備した。

　また西日本鉄道は1992年、日産ディーゼルと共同開発した床高58cmのワンステップバスを大量導入。同社の軌道・北九州市内線の代替路線で使用開始した。それまでのワンステップバスは非常に高価で、路面電車代替のために大量増備することはできなかった。そこで、もともと大型車より床が低い中型車をベースに、フレームを大型車なみの10.5mに延ばし、アルミ材の床、電気信号式のギヤなどを採用することで床を下げた。中扉には手動スロープ板を装備しているため、これが電動車椅子の自走できる勾配となるように、床高53cmに改良して市販を開始している。

　そして1997年、三菱と日産ディーゼルが国産初の市販ノンステップバスを商品化。東京都、横浜市、名古屋市、京都市、大阪市の交通局と旭川電気軌道で活躍を開始した。翌1998年には日野製といすゞ製も加わり、活躍の場を広げている。

東京都交通局が増備したリフトつきワンステップバス。高価だったため生産台数はわずか

ワンステップバスの価格を下げた日産ディーゼルの中型ロングタイプ。京王は大量に導入

ノンステップバスには
なぜ段差がある?

　1997年から1998年にかけて出揃った国産ノンステップバスは、最後部まで段差のないフラットな床だった。しかし、現在の国産ノンステップバスは、中扉の後ろで2段ステップを上がらなければならない。それはどうしてだろうか。

　初期の国産ノンステップは、各メーカーが苦心の末に完成させたものである。三菱はエンジンとデフアレンシャルギアを30.5cm右にオフセットさせ、センタードロップ式の前後アクスルとワイドエアサスを採用した。他の3メーカーはエンジンを横置きにして、ドイツ・ZF社製のトルコン式ATを組み合わせた。これらの床は後方に急な傾斜があったものの、段差はまったくなかった。半面、エンジンルームが床下に収まらず、客席面積が減って定員が減少した。また車両価格が非常に高かった。

　そこで各メーカーは、より安価なノンステップバスの開発に注力。そのひとつとして、既存車のエンジンや伝達機構を踏襲しているワンステップバスをベースに、前中扉間だけノンステップにしたタイプを発売した。中型車についても同じ方法で、前中扉間だけノンステップのバスを登場させた。また並行して日産ディーゼル・日野・三菱は、Point009で紹介した中型車の全長を10.5mに延ばしたワンステップバスのような中型ロングタ

東京都交通局の日産ディーゼル製ノンステップバス。床は後輪の後ろまでフラットである

江ノ電バスの日産ディーゼル製ノンステップバス。中型ロングタイプが選択されている

相模鉄道の日産ディーゼル製ノンステップバス。ワンステップバスをベースにしたタイプ

イプのノンステップバスも取り揃えた。

　2000年には交通バリアフリー法が施行され、路線バスの新車のバリアフリー化が義務づけられた。バス事業者にとっての選択肢は、スロープ板つきワンステップバス・ノンステップバス、またはリフトつきバスに限られるようになった。当時はまだフルフラットタイプの初期型ノンステップバスも販売されていたが、一定数を増備せざるを得なくなった事業者の多くは、車両価格と扱いやすさから、前中扉間ノンステップの大型バスや中型ロングタイプのバスを選択するようになった。

　販売台数が伸び悩んだフルフラットタイプは絶版となり、メーカーの生産車種縮小で中型ロングタイプもカタログから消えた。こうして日本の標準型となった前中扉間ノンステップバスだが、世界的には例のないガラパゴス自動車である。乗客が中扉より後ろに流れないので、ラッシュ時には詰め込みが利かない。段差での転倒事故が起こらないよう、乗客も運転士も神経を使わなければならない。

　そんななか、東京都交通局は2018年、スウェーデン・スカニアのシャーシとオーストラリア・ボルグレンのボディを組み合わせ、フルフラットな床を実現したノンステップバスを導入した。ノンステップバスの在り方に一石を投じるものだが、外車への不安と車両価格から、現在のところ他事業者には普及していない。

優先席は
なぜ横向きだったのか?

　全国の路線バス事業者の多くが、左前輪のタイヤハウスの後ろを優先席にしている。これはとくに前中扉の場合、乗車から降車までの最短動線上に位置するからである。そしてノンステップバスでは、ここが前向きシートではなく、横向きシートになっていることが多かった。それはどのような理由からだろうか。

　まず、横向きシートのほうが、高齢者や障がい者が着席しやすいという利点がある。そして何より、ノンステップバスではここに燃料タンクを設置しており、タンク上の床は一段高くなるので、前向きシートを配置しにくいからである。

（上）小湊鐵道の2004年式のいすゞエルガ。左前輪の後ろに燃料タンクがあり、横向きシートとなっている
（下）小湊鐵道の2016年式のいすゞエルガ。燃料タンクが左前輪の上に変わり、前向きシートとなっている

　しかし、規制緩和で燃料タンクにスチール製でなく樹脂製が使えるようになったため、形の自由度が高まり、前輪のタイヤハウスに巻き付けるように設置できるようになった。このため、2014年以降の三菱車、2015年以降のいすゞ車・日野車の床はフラットになり、急停車時の安全性に優れた前向きシートになった。

　このとき、いすゞ車・日野車では燃料タンクがある左タイヤハウス上の座席が廃止され、この席を愛するファンをがっかりさせた。ただし、車庫のレイアウトや給油渋滞防止のため、右側タンクを希望する事業者もあり、オプションとして右側タンクも設定されているので、その場合は右タイヤハウス上に座席がない。

012 折り畳み式シートは
車椅子スペース

　ワンステップバスやノンステップバスでは、乗車した車椅子を固定するスペースが必要である。初期車ではリフトバスと同じように、中扉の向かい側に跳ね上げ式の横向きシートを設置する例もあった。しかしその後の量産車では、中扉の向かい側の前向きシートの背もたれを前に折り畳んだうえで、窓側に跳ね上げるタイプが標準仕様になった。前中扉間に2人掛けシートが並ぶ郊外型の場合も、折り畳みシートだけは1人掛けの例が多いが、遠州鉄道のように座席定員を確保するため、2人掛けの折り畳みシートを装備する車両、広島電鉄のようにラッシュ対策を兼ね、この部分にシートを設置しない車両を導入している事業者もある

　跳ね上げたシートの裏の押しボタンは、車椅子利用者のためのものである。これを押すと、運転席の通常の降車知らせ灯の隣にある、車椅子スペース対応の降車知らせ灯が点灯し、車椅子利用者が降りることがわかる仕組みになっている。

　こうしたバリアフリー仕様は2004年以降、国土交通省の規定にもとづいて設計されている。規定を満たす車両は「標準仕様ノンステップバス」と呼ばれ、購入時に国の補助金を受けることができる。規定は色彩にも及んでいるため、「標準仕様ノンステップバス」は青色のシートや朱色の手すりなどを装備している。

第1章　バスという車両を知る

（左）進行右側に跳ね上げ式のシートが並ぶ三菱エアロスターのノンステップフロア
（右）車椅子固定スペースにシートがない広島電鉄の市内線仕様の日野ブルーリボン

Point 013 バスの低公害化とハイブリッドバス

　路線バスの低床化と並行して進められてきたのが低公害化である。大気汚染防止法が施行された1960年代、国内の自動車への排出ガス規制が開始された。ディーゼル車の排気ガスの濃度に一定の基準を設ける規制は1979年から開始され、以後はこれを満たした車両だけが製造・販売を許可されている。該当車種の車台型式には、頭に「アルファベット＋ハイフン」が冠されるようになった。具体的には、昭和54年排出ガス規制適合車「K-」、昭和58年規制「P-」、平成元年規制「U-」、短期規制（平成6年規制）「KC-」、長期規制（平成10・11年規制）「KK-」「KL-」等、新短期規制（平成16年規制）「PA-」「PJ-」等、新長期規制（平成17年規制）「BDG-」「PKG-」等、ポスト新長期規制（平成22年規制）「SDG-」「QKG-」等、平成28年規制「2DG-」「2KG-」等となっている。新長期規制からは車両重量と達成基準が細分化されたため、冠されるアルファベットは車種と製造時期により異なっている。

　環境問題への関心の高まりを背景として1991年、日野はディーゼル・電気ハイブリッドバス「HIMR」を開発した。これは制動時のエネルギーで発電してバッテリーに蓄電し、発進や登坂など高負荷がかかる際にモー

日野の電気式ハイブリッドバス「HIMR」。松本電気鉄道は上高地エリアに大量に導入した

三菱ふそうの蓄圧式ハイブリッドバス「MBECS」。川崎市などの公営交通が積極的に採用

ターを回してエンジンをアシストするものであり、今日の乗用車のハイブリッドカーとほぼ同じシステムである。市街地路線や山岳路線などで採用され、バスの低床化が進むとバッテリーがネックとなったが、屋根上に搭載することでノンステップ化を実現した。

　他の3メーカーは蓄圧式ハイブリッドバスを開発し、1993年に三菱が「MBECS」、1995年に日産ディーゼルが「ERIP」、いすゞが「CHASSE」として発売した。こちらは制動時のエネルギーを油圧として蓄積し、加速の際にこれを再利用してエンジンをアシストするものである。市街地路線などで採用されたが、日野「HIMR」のようには普及せず、1999年製の「MBECS Ⅲ」を最後に製造は打ち切られている。

　1992年には自動車NOx・PM法が公布され、埼玉、千葉、東京、神奈川、愛知、三重、大阪、兵庫の各都府県の指定地域に施行された。これらの地域では排出ガス中のNOx（窒素酸化物）とPM（粒子状物質）が基準値を下回る車両に限り、本拠を置くこと（車検を通すこと）が認められるようになった。これを背景にいすゞは1994年、路線バス車両にアイドリングストップ＆スタートシステムを装備した。このシステムは他メーカーにも広がり、今日の新車では標準装備となっている。またマフラーにDPF（ディーゼル・パティキュレート・フィルター）を取り付け、PMを除去することで、既存車両を延命使用できるようにする例も見られた。

日産ディーゼルの蓄圧式ハイブリッドバス「ERIP」。導入例は横浜市交通局のほかわずか

いすゞの蓄圧式ハイブリッドバス「CHASSE」。東京都、川崎市、横浜市の交通局だけが採用

CNG バスから
燃料電池バス・電気バスへ

　ハイブリッドバスの販売で苦戦した3メーカーは、CNG（圧縮天然ガス）バスの普及に積極的に取り組んだ。CNGバスとは、軽油の代わりにCNGを燃料として使用するものである。ディーゼルバスのシステムをほとんどそのまま利用することができ、NOx排出量が60〜70%削減され、PMがまったく出ないというメリットがあった。1996年にいすゞと日産ディーゼル、1998年に三菱が市販を開始した。バスの低床化が進むと燃料タンクがネックとなったが、電気式ハイブリッドバスのバッテリーと同じように、屋根上に搭載することでノンステップ化を実現した。ただし、CNGバスの運行には専用の充填装置が必要で、その建設には莫大な費用がかかるため、公営交通など一部の事業者を除き、公共の充填施設への回送を余儀なくされた。1回の充填で走れる航続距離が短く、充填には軽油より時間がかかるため、充填が集中する時間にはバスが渋滞した。NOx・PMの削減効果は高いもののCO$_2$削減効果は少なく、また高温で燃焼するため経年劣化が著しかった。このような理由から、CNGバスは車両の代替時期に姿を消す例が多く、現在は残りわずかとなっている。

　軽油以外を燃料とする車両としては、2018年にトヨタが発売した燃料電池ハイブリッドバス「SORA」がある。これは水素の電気化学反応により発電し、モーターを駆動させて走行するもので、同社の乗用車「ミライ」のシステムを搭載した車両である。東京都交通局を皮切りに稼働を開始し、少しずつその数を増やしつつあるが、車両価格が高いこと、水素の充填施設が少ないことが課題である。

　近年は電気バスがかなり増加した。日野の小型車リエッセを改造し、リチウムイオン電池とモーターを搭載した電気バスを2011年に青森県の七戸町が導入。十和田観光電鉄が運行を受託した。以後、同じ日野の小型車

日産ディーゼルが市販した CNG バス。富士山の環境保護のために富士急行が多数採用した

燃料タンクを屋根に載せたいすゞ製 CNG バス。大阪市交通局は低公害車だけ水色の帯にした

トヨタの燃料電池バス「SORA」。メーカーお膝元の豊田市コミュニティバスとしても活躍

日野ブルーリボンをベースにした電気バス。関西電力ではトロリーバス代替用として導入

ポンチョ、中型車レインボー、いすゞの中型車エルガミオ、大型車エルガ、日産ディーゼルの大型車 RA を改造した電気バスが登場。関西電力のトロリーバスの代替には、日野の大型車ブルーリボンの改造車が選択された。またシンクトゥギャザーのかわいらしい小型車も走り始めた。輸入車も活躍しており、韓国のファイバー社製、中国の BYD 製、揚州亜星製などが稼働している。電気バスは航続距離の短さが導入のネックのひとつだったが、中国製はひと晩の充電で終日運行できる性能を誇っている。

　なお、電気バスは戦前の 1933 年に中島製作所製が名古屋市で、終戦直後の 1947 〜 1950 年に三菱製が全国で、1972 年にいすゞ製が大阪市で、1973 年に日野製が名古屋市で、1979 年に三菱製が京都市で採用され、短期間ながら使用されている。

015 連節バスってどんなクルマ?

　近年、深刻化しているバス運転士不足などを背景に、急速に数を増やしつつあるのが連節バスである。鉄道車両には「連接」の文字を使うが、バスは「連節」と書くのが正しい。鉄道車両は台車で車体同士が接合されているのに対し、バスのタイヤはそれぞれの車体にあり、継ぎ目は単なる節にすぎないからだろう。

　今日のような形の連節バスが、国内で初めて営業運転されたのは 1985 年である。つくば博（国際科学技術博覧会）の会場と JR 常磐線の万博中央駅（臨時駅）を結ぶシャトルバスとして 100 台が活躍した。車両はスウェーデン・ボルボのシャーシに富士重工の観光型ボディを架装したもの。前車の床下にエンジンを搭載したミッドシップのツーステップバスで、前車にある第 2 軸を駆動輪としていた。つくば博の終了後は 80 台がオーストラリアに輸出され、19 台が東京空港交通でリムジンバスやランプバスに使用された。さらに、このうち 3 台が旭川電気軌道に移籍し、冬季に利用者が増加する通学路線で活躍した。残る 1 台は富士重工がしばらく保存していた。1998 年には京成電鉄がボルボ＋富士重工路線型ボディの 10 台を新製。成長著しい幕張新都心と JR 海浜幕張駅・幕張本郷駅を結ぶ路線に投入した。

　交通バリアフリー法施行後の 2005 年、神奈川中央交通はドイツ・マングループ製ネオプランのノンステップ連節バス「セントロライナー」4 台を輸入。藤沢市内の路線で運行を開始した。この車両は後車の最後部にエンジンを搭載してノンステップ化を図ったもので、後車にある第 3 軸を駆動輪としている。また神奈川中央交通は 2008 年に厚木市内の路線にも連節バスを投入したが、すでにネオプランが絶版になっていたため、ドイツ・メルセデスベンツの「シターロ」を輸入した。同型車は同社が他路線にも

導入したほか、京成も幕張地区の連節バスの代替用として選択。岐阜乗合自動車、近江鉄道、南海バス、神姫バス、西鉄グループにも登場した。

京成電鉄が幕張新都心に投入したボルボ+富士重工の連節バス。駆動輪は第2軸である

新潟交通は2015年、スウェーデン・スカニアのシャーシにオーストラリア・ボルグレンのボディを架装した連節バス4台を、新潟市内の路線で運行開始した。同型車は奈良交通がけいはんな学研都市、西日本鉄道が福岡市内に導入している。

神奈川中央交通が厚木市内で運行しているメルセデスベンツ「シターロ」。駆動輪は第3軸

そして2019年、待望の国産連節バス・いすゞエルガデュオ、日野ブルーリボンハイブリッド連節バスが発売された。両社の大型路線バスをベースにしたもので、ハイブリッドシステムを搭載した点、中扉・後扉が引戸である点、後扉より後ろが2段ステップアップされている点などが輸入車との違いである。JRバス関東、京成バス（東京BRT）、横浜市交通局、三重交通、神姫バス、京王電鉄バスグループが導入している。

新潟交通がBRT「萬代橋ライン」の目玉として導入したスカニア+ボルグレンの連節バス

横浜市交通局が「ベイサイドブルー」に採用した日野ブルーリボンハイブリッド連節バス

トラックを改造したバスがある？

　バブル景気全盛期の1989年、伊豆半島のリゾート開発を手がける伊豆センチュリーパークと伊豆半島の路線バスを運行する東海自動車が共同で、レトロ調バス「リンガーベル」を完成させた。ダブルルーフの屋根と飾りつきの窓を持ち、前面にはダミーの前照灯、後部には展望デッキを備え、木材と真鍮を使った内装という、クラシックな路面電車のようなバスだった。このデザインを実現するために選ばれたのは、一般のバスのようなリヤエンジンではなく、センターアンダーフロアエンジンでフレームつきの日野の特装車用シャーシだった。ボディも特装車のメーカーであ

東海自動車に登場した「リンガーベル」。特装車用シャーシにレトロ調のボディを架装した

北海道中央バスの「おたる散策バス」。日野の6tクラスのトラックシャーシがベース

西鉄の「FUKUOKA OPEN TOP BUS」。車軸配置が独特の日野の低床トラックシャーシを使用

日の出町が西東京バスに運行委託する「青春号」。唯一営業運行されているトレーラーバス

る東京特殊車体が架装した。伊東駅と伊豆高原を結んだこのバスは大人気となったため、同じシャーシのレトロ調なバスやファンタスティックなバスが次々に出現。中型や小型の兄弟車も加わり、全国各地で活躍し始めた。しかし、交通バリアフリー法が施行されると、こうした車両もワンステップ・ノンステップ化が必要となり、現在では市販のバスをベースに改造する形がとられている。

西日本鉄道は2012年、「FUKUOKA OPEN TOP BUS」の運行を開始した。これは屋根のないオープントップの車両を使った福岡市内の観光周遊バスであり、西鉄はPoint021で紹介するような既存車の改造ではなく、完全なオリジナル車を新製した。ベースは日野の低床トラックシャーシで、前輪・後輪とも半径の小さなタイヤ2軸である。ダブルデッカーより高いアイポイントを実現し、車椅子でも乗降できるよう電動リフトも装備している。運転士はトラックと同じように、右側最前部の運転士専用扉から乗降するという、ほかに例のないユニークなバスである。

そもそもバスの歴史を振り返れば、最初期に輸入されたフォードTT型はトラックシャーシを改造したものだった。また終戦直後はバス不足を補うため、米軍から払い下げを受けたGMCトラックや水陸両用車アンヒビアンにバスボディを架装して使用した。Point005でふれたように、トラックのヘッドに客車をつないだトレーラーバスも製造されるなど、トラックのバス化は昔から行われてきた。

東京都の日の出町は1996年、JR武蔵五日市駅と日帰り温泉施設を結ぶバス路線にトレーラーバスを導入し、西東京バスに運行を委託した。日野のダンプカー用シャーシをSL型のトラクタにして、日本フルハーフのトレーラーを特装車メーカーのトヨタテクノクラフトが客車型に改造してつないだものである。2007年には同じタイプの2代目に置き替えられた。ちなみに、連節バスは通常の大型二種免許で運転できるが、トレーラーバスの運転にはけん引二種免許が必要である。

バスに
トイレがついたのはいつ？

　現在のバスは低床化が進んだ路線タイプと高床車が主流の観光タイプに二分されている。こうした観光タイプの差別化が始まったのは1950年代のことである。

　終戦直後に国産化されたバスは、戦後の復興輸送を担う路線バスとして使用された。しかし1950年代に入ると、少しずつ世の中が落ち着きを取り戻し、国民の間に観光ニーズが生まれ始めた。これを受け、戦時下で運休していた定期観光バスを運行再開したり、貸切バスの免許を取得したりするバス事業者が増加した。

　そこで各メーカーは、観光バスの設計を行った。とはいえ、まだ高速道路があるわけではなかったので、当初は性能ではなく、外観によって路線バスとの差別化が図られた。最初に変更されたのは側窓である。当時のバスは2段窓で、上部がHゴム支持の固定窓（スタンディングウィンドウ）になっていたのに対し、引き違い式窓（"メトロ窓"と呼ばれる）を採用する観光バスが現れた。側窓の上に側天窓を取り付け、採光性を高めた車両も見られた。ボンネットに豪華なデコレーションを施した車両、室内に豪華なシートを並べサロン風にした車両も登場した。

川中島自動車が1950年に新製したいすゞ製側天窓つき貸切車（『川中島バス80年史』より）

三重急行自動車が名古屋〜賢島間に運行した急行バス（『三重交通50年のあゆみ』より）

全国の道路整備が進んでいくと、観光型車両を使った長距離路線バスが数多く開業するようになった。貸切バスを使った団体旅行も長距離化していった。各メーカーは200馬力を越える高出力エンジンを開発し、貸切バス・長距離バスに搭載するようになった。また

東武鉄道が東京～伊香保温泉間の急行バスに新製投入した冷房車（写真提供：東武バス）

1950年代の後半になると、エアサスも採用され始めた。西日本鉄道は国内初の冷房車を導入したが、冷房が普及するのは1960年代後半である。

東京オリンピックが開催され、名神高速道路が開通した1964年は、貸切バス・長距離バスの大きな転換点である。はとバスは定期観光バス用として、スーパーデラックスバスを新製した。前面は独特なデザインで屋根まで至るフロントガラスとし、側面にも大きな固定窓を配置した。床は後ろに向かって高くなるシアタータイプだった。翌1965年には一般車の改造によりオープントップバスも登場させている。

一方、富士急行は1963年、オリンピック輸送を担う東京～神戸間の貸切バスと東京～富士・箱根線の長距離バスにワールドバスを導入した。こちらは2枚構成の大きなフロントガラスと固定式の側窓、そして天井に展望窓を備えていた。

国鉄は名神ハイウェイバスの開業を前に、高速バス専用車両の開発に取り組んだ。これについてはPoint018で紹介するが、開業時に用意された17台のうちの1台に初めてトイレが設置された。1969年に開業した東名ハイウェイバスの専用車はすべてがトイレつきとなり、トイレは長距離バス必需の装備になっていった。

はとバスが東京オリンピック時に新製したスーパーデラックスバス（写真提供：はとバス）

乗用車より速かった
名神ハイウェイバス

　名神高速道路への路線バス運行を目論んだ国鉄は、1964年の道路開通を前に専用車両の開発に取り組んだ。そして試作第1号は1961年に日野が完成させた。直列6気筒・ターボつき230馬力のエンジンを搭載し、帝国製の流線形軽合金ボディが架装された車両だった。パワーステアリング、エアブレーキ、固定窓、直結式冷房（走行用エンジンによりコンプレッサーを駆動する冷房）など、あらゆる部分に新技術が取り入れられた。翌年、同じボディに230馬力のエンジンを搭載し、リターダブレーキ（オイルを利用した補助ブレーキ）を装備したいすゞ車、T字型窓（上部が固定式、下部が引き違い式の窓）の富士重工製ボディに290馬力のエンジンを搭載し、エキゾーストブレーキ（排気を利用した補助ブレーキ）を装備した三菱車も登場した。これらの試作車により、走行性能テストが繰り返された。

　テストは早朝の国道134号、国鉄バス白棚線のバス専用道路、部分開通した名神高速道路などで行われた。加速性能、最高速度、制動力などの高速性能や、燃料消費、タイヤ発熱、冷暖房能力、乗り心地や騒音のほか、流線形の車体が走行性能に及ぼす影響などもテストされ、実用化への構想が固められていった。

　こうして得られたデータをもとに、1963年に三菱車が5台、1964年には三菱車が9台、日野車が3台製造された。名神ハイウェイバスでは高速道路の本線上にもバス停が設置されるため、鋭い加速性能が必要になる。このため量産車では変速比が見直され、日野製はターボなし320馬力のエンジンに変更された。名神ハイウェイバスが開業したころは、乗用車の性能もまだ高速道路に適したものではなく、一般のドライバーは高速走行に不慣れだった。そんななか、訓練を積んだ運転士が操る高性能な名神ハイウェイバスは、乗用車より速かったと言われている。

日野のターボつき 230 馬力エンジンと軽合金ボディを組み合わせた名神高速線用試作車

名神高速線開業後の 1965 年に増備されたターボなし 320 馬力エンジン搭載の日野 RA100P

東名高速線の主力として活躍した三菱 MS504Q。「ドリーム号」用として固定窓仕様も登場している

東名高速線の昼行便に使用された日産ディーゼル RA60S。1982 年まで増備が続けられた

　1969 年に開業した東名ハイウェイバスの車両は、名神の経験と走行テストのデータが生かされたものとなった。エンジンは 330 馬力以上とされ、停止状態から 400m 走行するのに 26 〜 28 秒（名神ハイウェイバスは約 30 秒）、時速 80km から 100km に達するのに 14 〜 17 秒（名神ハイウェイバスは約 20 秒）と、発進時・追い抜き時とも加速力がアップした。開業時には、三菱車が 37 台、日野車が 30 台、日産ディーゼル車が 19 台、いすゞ車が 2 台用意された。これらは前面・後面窓を大型化して視界を向上させ、前扉横の窓を 1 段下げたスタイルのボディに統一。サブエンジン式冷房装置（冷房専用のエンジンによりコンプレッサーを駆動する冷房装置）、リクライニングシート、トイレ、自動車電話、自動車無線を完備していた。

ハイデッカーから
スーパーハイデッカーへ

　無敵の走行性能を誇った国鉄高速バスも、床の高さは路線バスと同じだった。貸切バスでは1954年に西日本鉄道が、1960年に国際観光自動車などが、車体の途中から後ろの床を高くしたセミデッカーを導入したが、普及には至らなかった。

　そんななか、三菱は1964年、車体の途中から床と屋根が高くなるセミデッカーを初めてオプションとして設定した。床が高くなったことでタイヤハウスの出っ張りがなくなり、屋根の段上げ部分には明かりとり用の窓が設けられた。1970年代に入ると他のメーカーにもセミデッカーが登場し、段上げの場所にもさまざまなバリエーションが見られるようになった。明かり

とり用の窓を上に拡大したパノラマデッカーもラインナップに加わった。さらに川重車体は1976年、最前部から床を高くしたフルデッカーを発売した。まもなく明かりとり窓を廃止してフロントガラスを拡大したタイプも登場し、他メーカーもフルデッカーをカタログに追加した。

フロントガラスの上に明かりとり窓を設け、床を最前部から高くした川重ハイデッカーI

　1977年には日野が観光タイプのスケルトンバスを発売した。スケルトンバスとは、骨格に強度を持たせることにより、外板をリベットレスの大きな1枚板にしたボディ構造のバスである。外板そのもので強度を支えていた従来のモ

従来のバスとはまったく違うリベットレスの角張ったボディが特徴の日野スケルトンバス

ノコックバスと異なり、大きな窓を設けることができ、角張ったスタイルが特徴である。日野スケルトンバスのヒットにより、他のメーカーも骨格構造に変更したほか、路線タイプにも同じ構造が取り入れられた。同時に、観光タイプは路線タイプより全体の床と屋根が約20cm高いハイデッカーが標準タイプになっていった。

ハイデッカーより床を20cm高くしたスーパーハイデッカー。日産ディーゼル製は3軸で登場

同じ1977年にはヨーロッパ製のダブルデッカーが日本に上陸し、1980年代には全国の事業者で活躍するようになった。しかし、日本の法規制のなかでは居住性の優れ

客席の床をダブルデッカーのように最前部へ延ばしたUFCタイプの三菱エアロクィーンⅢ

ない面もあり、車両価格の高さも相まって普及が頭打ちになっていった。

そんな日本の市場をとらえようと、三菱はハイデッカーよりさらに床が約20cm高いスーパーハイデッカーを、エアロクィーンの名で発売した。続いて日産ディーゼルのスペースウイング、日野のグランデッカー、いすゞのスーパークルーザーと、4メーカーのスーパーハイデッカーが出揃った。スーパーハイデッカーは貸切バスの看板として歓迎され、全国の事業者が購入する大ヒット商品となった。運転席を低く、フロントガラスを上下2分割にしたダブルデッカー風のスタイルや、運転席上の最前部まで客室を延ばし、ダブルデッカーと同じ眺望が楽しめるようにしたUFC（アンダー・フロア・コックピット）タイプも登場した。また夜行高速バスの開業ラッシュを迎えたことで、高速バス車両としての導入も進んでいった。

020 ダブルデッカーの栄枯盛衰

　2階建て電車「ビスタカー」で知られる近畿日本鉄道は、1960年に国内初の2階建てバスを開発し、大阪〜奈良間の直行バスに使用した。これは近畿車両がボディ製造を手がけ、日野車のホイールベース間だけを2階建てにしたものだった。1962年には増備車も登場したものの、他の事業者に普及することはなかった。

　大阪で貸切バスを運行していた中央交通は、1979年にドイツ・ネオプランのダブルデッカー「スカイライナー」を輸入した。洗練されたスタイル、2階席の眺望の素晴らしさ、1階のサロンの豪華さなどから、ダブルデッカーはたちまち人気者となり、他の事業者も相次いで導入していった。また、ベルギー・バンホールの「アストロメガ」、ドイツ・ドレクメーラーの「メテオール」、ドイツ・マンの車両など、ヨーロッパのダブルデッカーが続々と日本に上陸した。まもなく国内のメーカーもダブルデッカーの製造に参入し、1984年の日産ディーゼルスペースドリームを皮切りに、日野グランビュー、三菱エアロキングが発売された。

　しかし、ダブルデッカーが普及して希少性が薄れるにつれ、次第に稼働率が低下した。ヨーロッパでは4mある全高を日本の規定に合わせて3.8m

JRバス関東が3列シートの「ドリーム号」用として新製したネオプラン「シティライナー」

日産ディーゼルのエンジンとベルキー・ヨンケーレのボディを組み合わせた車両も登場

夜行高速バス用としてJRグループと近鉄バス・共同運行会社が採用した三菱エアロキング

製造が終了したエアロキングに代わり、2016年から輸入が開始されている「アストロメガ」

に抑えたことにより、室内高が1.7m程度しかない窮屈さも敬遠され始めた。さらに、何件かの横転事故が起きたことで、安全性に疑問を持つ声も聞かれるようになった。そのような背景から、貸切バスとしてのダブルデッカーは減少していき、乗車時間が短い定期観光バスなどに用途が絞られてきた。販売台数が落ち込んだことにより、日産ディーゼルと日野は生産をとりやめ、三菱エアロキングだけが残存した。

　そんななか、JRバス関東はダブルデッカーの収容力に注目。1990年にネオプランを中古購入し、JR京葉線開業前の東京駅〜東京ディズニーランド間で使用を開始した。同時に、ダブルデッカーとして初めてワンマン運行の認可を取得した。以後、定員を減らさずに3列シート化が実現できる夜行高速車としてエアロキングが選択されるようになり、JRグループを中心として積極的に導入されていった。また昼行便では東京駅〜つくばバスセンター間で、全長15m、定員86人のネオプラン「メガライナー」を、特別な認可を受けて運行開始。つくばエクスプレスの開業以降は東京〜大阪間の夜行便に転用し、「メガドリーム号」として使用した。

　こうして定期観光バスや高速バスとして生き残ったダブルデッカーだが、その台数はわずかであり、三菱は2010年にエアロキングの製造を終了した。後継として2016年から、スカニア＋バンホール「アストロメガ」の輸入が開始された。

オープントップバスの魅力

　ダブルデッカーが減少していくなか、東京で貸切バス等を運行している日の丸自動車興業は、2004年にオープントップバスの営業を開始した。これはネオプランのダブルデッカーをオープントップに改造した車両を使用して、都内の観光名所を周遊するもので、定期観光バスの「スカイバス」と乗り降り自由の「スカイホップバス」が設定されている。風に吹かれながらビル群やタワーを見上げる観光は開放感にあふれ魅力的で、インバウンドの急増にも後押しされて人気が高まった。このためオープントップバスは、はとバス、富士急行、近鉄バス、南海バス、中国JRバス、西日本鉄道などが観光地周遊コースで運行を開始。改造の種車も三菱エアロキングやスーパーハイデッカー、ハイデッカーなどが加わった。

　なお、西日本鉄道はPoint016で紹介したように、低床トラックシャーシをベースに車両を新製した。また近年は改造する種車がなくなりつつあるため、日の丸自動車興業がドイツ・ダイムラーAG＋スペイン・UNVI、はとバスがスウェーデン・スカニア＋イギリス・バンフォードバスカンパニーのダブルデッカーを新製している。

　都市間高速バス等を運行しているウィラー・エクスプレスは、2014年

近鉄バスが定期観光バス「OSAKA SKY VISTA」として運行する三菱製オープントップバス

日の丸自動車興業が「スカイホップバス」用として新たに輸入したダイムラーAG＋UNVI

1階が厨房、2階がオープントップのテーブル席になっているウィラーのレストランバス

日本水陸観光が大阪で営業しているダックツアー。御堂筋を走ったあと大川にダイブする

に世界初となるレストランバスの営業を開始した。三菱エアロキングをオープントップに改造し、1階に厨房、2階にテーブル席を設け、バスで観光をしながら食事を楽しむというものである。同社の徹底した乗務員教育により、揺れを感じずに食事を楽しめる究極の乗り心地を実現している。期間限定で全国各地に運行されているが、東京と京都では通年にわたり乗車することができる。東京のコースはヨーロピアンメニューのランチとディナー、和食のランチとディナーの4種類が設定されている。

　オープントップバスと並んで開放感が味わえるのが、窓がない水陸両用車によるダックツアーである。もともとはアメリカで軍用の水陸両用車「ダック」を使用し、陸上と水上の双方が楽しめるツアーとして行われていた。国内ではダックツアータイコーが2007年に神戸港で運航開始したほか、いすゞのトラックシャーシを改造した水陸両用車が何台か活躍している。日本水陸観光は2006年以降、五十里ダム・川治ダム、霞ヶ浦、東京港、諏訪湖、琵琶湖、大阪・大川などで定期運航を行っている。富士急山梨バスは2011年から山中湖で運航している。日の丸自動車興業は2013年以降、東京・旧中川、東京港、横浜港などで運航を行っている。フジエクスプレスは2017年から東京港で運航している。なお、運転・操縦は水陸の免許を併せ持つ乗務員が行う例と陸上部分と水上部分で交代する例がある。

独立3列シートって何？

中央トイレつきで独立3列シートの小田急シティバスの日野セレガ。近年はハイデッカーを選ぶ事業者が増えている

　ハイデッカーやスーパーハイデッカーが主流となった貸切バスだが、室内レイアウトについては、一部のサロンバスを除いて既存のレイアウトが踏襲されてきた。最も一般的なのは、横4列（最後部5列）×縦12列＋補助席つきの60人乗り、横4列（最後部5列）×縦11列＋補助席つきの55人乗り、または9列目と10列目を補助席のない回転座席にして、サロンバスとしても使用できる53人乗りである。

　近距離高速バス用のトイレなし車両も60人乗りや55人乗りが多い。また東名ハイウェイバス以降に登場した長距離高速バス用のトイレつき車両は、トイレ部分の5〜6席分の定員が減少し、予約制の路線では補助席のない車両も少なくない。

　そんななか、阪急バスと西日本鉄道が1983年に開業した大阪〜福岡間の夜行高速バス「ムーンライト」では、両社が4列×8列＝32人乗りのハイデッカーを導入した。各座席にマルチステレオ、毛布、スリッパを備え、最後部にはトイレとセルフサービスの飲みもの、自動車電話を装備した。1986年に登場した2代目車両はさらに進化し、独立3列シートで通路を2本設け、中央階下にトイレと交代運転士仮眠室を備えたスーパーハイデッカーとなった。このレイアウトは以後の夜行高速バスの標準タイプとなり、最後部が4席の29人乗り、最後部も3席の28人乗り、トイレへ

の出入りを考慮してトイレ横の1席を廃止した27人乗りなどが登場した。

　深くリクライニングできる座席にはフッドレストとレッグレストを備え、寝心地は常に改良されてきた。JRグループが採用したクレイドルシートのように、リクライニングとともに座面も傾斜して身体にフィットするものも現れた。ウィラー・エクスプレスは1席ずつカバーで覆った仕様を用意しており、他社でも各座席と通路の間にカーテンを設けた車両が増えるなど、就寝時のプライバシーの確保にも工夫を凝らしている。寒冷地ではシートヒーターを装備したものもある。近年は生活環境の変化からコンセントやUSBポートが設置された半面、マルチステレオや自動車電話は廃止され、コストダウンのため飲みものサービスもとりやめた路線が多い。

　弘南バスは1995年、品川〜弘前間の「ノクターン」用ハイデッカーの一部の後部に横2列配置のスーパーシート6席を設置し、3列席より割り増しの運賃で販売した。またJRバス関東・西日本JRバスは2006年、東京〜大阪間の「ドリーム号」用ダブルデッカーの一部の1階に横2列配置のプレミアムシート4席を設置し、3列の2階席より割り増しの運賃で販売した。スーパーシートは利用が延びず2012年に廃止されたが、プレミアムシートはJR東海バス・JR四国バスでも採用されている。

後部トイレ&パウダールームつきで独立3列シートの新潟交通の三菱エアロエース。同社には中央トイレ仕様も

2階前部にプレミアムシート、後部に独立3列シート、1階に4列シートを持つ「プレミアムエコドリーム号」

個室を備えた
バスがある？

　夜行高速バスの人気が高まると、旅行業者が貸切バスを借り受けてあたかも高速バスのように都市間で運行するツアーバスが急増した。その多くはトイレのない4列シートを使用する代わりに、高速バスに比べて格安な料金をウリにして集客していた。しかし、なかには高速バスより豪華な車両を使用して、料金は高くても快適に移動したいニーズに応えるものもあった。徳島県で貸切バスを営業する海部観光もそんな会社のひとつで、2011年に阿南・徳島〜東京間のツアーバスに乗客定員12人の「マイフローラ」を投入した。車両は三菱エアロクィーンで、通路を挟んで2列に配置された座席が1席ずつパーテーションで仕切られている。幅70cmのゆったりしたシートは155度までリクライニングでき、各座席に小型テレビとコンセントを備えている。また最後部にはトイレとパウダールームが設置されている。2013年には高速乗合バスとなり、現在まで運行が続けられている。

　両備グループの中国バスは2012年、広島・福山〜横浜間で「ドリームスリーパー」の運行を開始した。

車両は韓国のヒュンダイ・ユニバースで、やはり1席ずつパーテーションで仕切られた2列配置のレイアウトだった。座席はすべて電動リクライニングシートで、前4席はボタンひとつでNASAの理論に着想を得た快眠姿勢がとれるゼログラビティシートだった。2017年には同じグループの両備ホールディングスと東京の

「マイフローラ」に使用される海部観光の三菱エアロクィーン。パーテーションで仕切られた12席

「ドリームルリエ」用の日野セレガ。増備車では好評のプレシャスクラスが4席から6席に

「ドリームスリーパー東京大阪号」に使用される関東バスのエアロクィーン。扉つき完全個室が11席

関東バスが共同運行で、大阪〜東京間の「ドリームスリーパー東京大阪号」を開業した。車両は三菱エアロクィーンで、2列配置された座席はわずか11席。すべての座席に仕切りと扉がついた完全個室となっている。全室に電動リクライニングのゼログラビティシートを設置し、コンセント、USBポート、イオン発生機プラズマクラスター、天然精油を使ったウエルカムアロマなどが用意されている。車両中央の階下には温水洗浄機能つきのトイレ、最後部にはパウダールームが設置されている。なお、2017年には中国バスの「ドリームスリーパー」が東京まで延長され、東京大阪号と同じ仕様のエアロクィーンが投入された。

　車内の一部に個室タイプの座席を持つ車両も走っている。JRバス関東・西日本JRバスが東京〜大阪間に運行する「ドリームルリエ」の日野セレガは、前方4席または6席がパーテーションとカーテンで仕切られたプレシャスクラス、後方が3列配置のアドバンスクラスである。また西日本鉄道が東京〜福岡間に運行する「はかた号」の三菱エアロクィーンは、前方4席がパーテーションとカーテンで仕切られたプレミアムシートで、なんとマッサージ機能がついた座席となっている。

024

バスも
オートマチックの時代に

　現在の乗用車では AT（オートマチック・トランスミッション）が常識なのに対し、バスは近年まで MT（マニュアル・トランスミッション）が多く、AT の比率は高くなかった。しかし現行モデルでは、バスも自動変速が主流となっている。

　停留所ごとに発進と停止を繰り返す路線バスでは、運転士の負担を軽減させるため、早くから AT 化を求める声があった。これに応え 1980 年代末から 1990 年代初めにかけて、当時のトラックにオプション設定されていたいすゞ NAVi5 や日野 EE ドライブなどの自動変速システムを装着した路線バス車両が登場した。しかし、これらのシステムは MT 車と同じクラッチと変速機を機械的に制御して自動変速しているセミオートマチックともいえるもので、今日の乗用車に装着されているトルコン（トルクコンバーター：液体クラッチ）式の AT とはまったく異なるものである。技術的にもまだ成熟しておらず、走行環境に応じたきめ細かい制御ができなかったため、導入は一部の事業者にとどまり、広く普及することはなかった。

　一方、1997 年から 1998 年にかけて発売された国産ノンステップバスでは、後方までフラットな床を実現するため、三菱以外の 3 メーカーがドイツ・ZF 製の AT を採用した。こちらは乗用車と同じトルコン式の AT で

いすゞエルガの AMT 仕様のシフトレバー。東武バスイーストの 1 台は復刻カラーで新製された

日野セレガショートの現行モデルはAMT仕様に統一。独特のダイヤル式シフトを装備している

いすゞエルガのAT仕様はアリソン製のボタン式シフト。近鉄バスは日野ブルーリボンとともに採用

あるが、変速時のショックが大きいことなどから敬遠され、これを装着した車両の価格そのものが高いこともあり、ワンステップバスベースでMTのノンステップバスが主流となっていった。

　それでも路線バスのAT化を望む声はあり、2000年代に入ると、アメリカ・アリソン製のトルコン式ATを装着した大型車、アイシン製のトルコン式ATを装着した中型車がオプション設定された。こちらは操作性や乗り心地で一定の評価を得ることができ、関西エリアなどを中心に多くの事業者が自社の標準仕様として採用した。

　ディーゼル車の排出ガス規制が厳しさを増すなか、各メーカーがエンジンの排気量を下げ、インタークーラーターボで出力を補うようになると、トルク不足から発進時には小刻みなシフトアップが求められ、変速を自動化する必要に迫られた。そこで、かつてのセミオートマチックを進化させたAMT（オートメーテッド・マニュアル・トランスミッション）がトラックやバスに採用された。さらに、満員でもトラックほど過重がかからないバスでは、トルコン式ATを装着した車種も販売されている。現行モデルでは、路線タイプの三菱エアロスターがATのみ、いすゞエルガ・日野ブルーリボンがATとAMT、観光タイプの三菱エアロエース・エアロクィーンがAMTのみというように、自動変速しか設定のない車種も見られる。

025 OEM供給や統合モデルって何?

　バス趣味に興じていると、バスメーカーはバスしか製造していないような錯覚に陥ってしまう。しかしバスメーカーはトラックメーカーであり、一部は乗用車メーカーでもあって、バスの生産台数が各社のすべての生産台数に占める割合はわずかである。当然、商品開発はトラックや乗用車が中心になり、モデルチェンジのタイミングも主力商品のそれに準じている。バスの生産台数が減少してくると、各社が限られた開発費のなかですべての商品を揃えることが困難になってきた。そこで行われたのがOEMである。OEMとは一般的に、他社の商品を製造すること、他社の商品を自社ブランドで販売することをさす。製造する側は自社ブランドだけで売るよりも生産数を伸ばせるメリット、販売する側は自社で商品開発を行わずに自社ブランドのラインナップを充実できるメリットがある。またユーザーにとっても、商品ごとに購入先を変えずに必要な商品を揃えられるメリットがある。

　バスのOEMは小型車から始まった。1993年から日産シビリアンがいすゞジャーニーとしても販売されている。1996年からトヨタコースターを日野リエッセⅡ、日野リエッセをトヨタコースターRとしても販売する相互OEMが開始されている。

　中型路線タイプのいすゞエルガミオ、大型路線タイプのいすゞエルガは2004年、日野レインボーⅡ、日野ブルーリボンⅡとしての販売が開始された。2007〜2010年には中型・大型路線タイプの日産ディーゼルスペースランナーを三菱エアロミディS、エアロスターS、大型路線タイプの三菱エアロスターを日産ディーゼル・UDトラックススペースランナーA、大型観光タイプの三菱エアロエース・エアロクィーンを日産ディーゼル・UDトラックススペースアロー・スペースウイングとして販売する相互

北海道中央バスの三菱エアロスターワンステップバス（左）と日産ディーゼルスペースランナーＡワンステップバス（右）。外観は同一で、ステアリング等を見ないと識別できない

OEM が行われていた。これらは販売ブランドを問わず外観は同一で、車体のエンブレムやステアリングのマークを見なければ識別できない。

2004 年には日野車体工業がいすゞバス製造を合併して社名をジェイ・バスに変更。以後、日野といすゞは同一設計のバスを統合モデルとして販売している。日野の車体を生産していたジェイ・バス小松事業所が日野リエッセ（いすゞジャーニー J）、日野ポンチョ、日野メルファ（いすゞガーラミオ）、日野セレガ（いすゞガーラ）、トヨタ SORA を、いすゞの車体を生産していたジェイ・バス宇都宮事業所がいすゞエルガミオ（日野レインボー）、いすゞエルガ（日野ブルーリボン）、いすゞエルガデュオ（日野ブルーリボンハイブリッド連節バス）を製造している。現行モデルでは、細部のデザインが異なるセレガ・ガーラを除いて識別は難しい。

小湊鐵道のいすゞエルガワンステップバス（左）と日野ブルーリボンⅡワンステップバス（右）。統合モデル化後はヘッドライトで識別できたが、現行モデルはまったく同型になっている

中古車の見分け方

　日野・いすゞの統合モデルの出現と UD トラックス（日産ディーゼル）のバス製造からの撤退により、国産の大型・中型バスは実質的に、ジェイ・バスタイプと三菱ふそうタイプの2種類だけになってしまった。このため近年では、ひと時代前の車両を追いかけるファンが増えており、なかでも自動車 NOx・PM 法が適用される都市部を追われ、地方で第二の人生を送る中古車の注目度が高まりつつある。

　とはいえ、完全なオーダーメイドの鉄道車両と異なり、メーカーが設計しているバスは基本的に同じスタイルで、移籍先の事業者のボディカラーに塗られてしまうと、もとの事業者を特定することは難しい。そこで、車両ファンはどのようにして前所有者を見分けているのか、初級編ともいえる項目をあげてみよう。

　まずチェックすべきは、メーカーとホイールベースである。4メーカーを購入している事業者は公営交通など少数派であり、また多くの事業者が1〜2種類のホイールベースに絞って増備しているので、この組み合わせで前所有者が絞られる。

　ワンステップ・ノンステップ化以前の車両では、扉の位置と形状、側窓

広島電鉄に在籍する同じ型式の日野ブルーリボンワンステップバス。左は自社発注車で側面表示器が中扉の後ろ、右は川崎市交通局からの移籍車で側面表示器が戸袋の前にある

の形状とサッシの色が大きな手がかりだった。関西圏は前後扉で後扉が引戸、北関東は前後扉で後扉が折戸、その他の首都圏・中京圏は前中扉が一般的で、中扉が4枚折戸だったり、3扉だったりすれば、かなり事業者が限られてくる。側窓は2段サッシから逆T字型窓に変わっていくので、引き違い窓を採用している事業者はわずかである。サッシの色が銀色か黒色かを組み合わせると、かなり限定されてくる。

　ノンステップバスは関西圏も含めて前中扉に統一され、目立つ違いは側面方向幕・LED表示器の位置となる。戸袋の前が一般的で、中扉の後ろにあるのは関西圏の事業者、前扉の後ろにあるのは東急バス、関東バス、初期の都営バスなどわずかである。また冷房装置の形状、通風器の形状と位置も大事なポイントである。

　独特の自社仕様を採用している事業者もある。たとえば、神奈川中央交通は前面窓の左下に「前払い」「後払い」を示す小窓をつけていた。移籍先で埋められてしまっても、三菱車ならセーフティウインド（前面窓左下の安全確認用窓）がないので見つけやすい。京王グループの初期車は中扉の下部が紺色の着色ガラスになっていた。車内では横浜市営バスならベイブリッジ、都営バスなら「みんくる」があしらわれた座席のモケットが識別ポイントで、また都営バスの2003年度車は珍しい固定窓が採用されていた。

　一方、高速バス・貸切バスは難易度が高い。前扉がスイングドアでなく折戸だったり、側窓がT字型でなく逆T字型だったりしない限り、識別は非常に難しい。

新潟交通グループの三菱エアロスター。左は京阪バス、右は神奈川中央交通からの移籍車で、冷房のメーカー、サッシの色のほか、神奈中特有の前面の小窓の跡でも識別できる

027

日本でいま見られる外国車はコレ！

　国産バスのラインナップの減少や特定分野の開発の遅れから、近年は輸入車＝外国車を導入する事業者が増加し、バスファンを楽しませてくれている。

　1980年代にブームとなったヨーロッパ製ダブルデッカーは、一部の事業者がその後も増備を続けていた。このうち、ドイツ・ネオプランのダブルデッカーを日の丸自動車興業が中古購入し、オープントップに改造して現在も使用している。

　ダブルデッカーの販路の縮小により、唯一の国産車となっていた三菱エアロキングが2010年に生産終了となった。しかし、定期観光バスや高速バスではダブルデッカーのニーズがあり、代替車種の検討が開始された。そんななか、はとバスは2016年にスウェーデン・スカニア製エンジンをベルギー・バンホール製ボディに搭載したダブルデッカー「アストロメガ」を輸入し、定期観光バスとして使用した。同じ車両を東京ヤサカ観光バスが貸切バスとして、ジャムジャムエクスプレス、岩手県北自動車、京王電鉄バス、京成グループとJRグループの数社が高速バスや特急バスとして導入している。またオープントップバスの代替車種として、はとバスがスウェーデン・スカニア＋イギリス・バンフォードバスカンパニー、日の丸自動車興業がドイツ・ダイムラーAG＋スペインUNVIのダブルデッカーを採用している。

　貸切バスの規制緩和によりコストダウンが追求され始めると、国産より安価な韓国製の車両が上陸した。2005年にサンデン観光バスがテウ（大宇）ロイヤルデッカーを導入し、同型車がツアーバスなどで活躍した。また2008年にはヒュンダイ（現代）ユニバースが日本の型式認定を取得したため、貸切バス・高速バスとして今日まで増備が続いている。いずれも

国産の観光タイプと同じ全長12mのハイデッカーである。

連節バスのノンステップ化に貢献したのも外国車で、ネオプランのセントロライナーが神奈川中央交通で、メルセデスベンツのシターロが神奈川中央交通ほか6社で、スウェーデン・スカニア＋オーストラリア・ボルグレンが新潟交通ほか2社で活躍している。また東京都交通局は2018年、この連節バスを単車にする形でフルフラットのノンステップバスを製造し、都区内路線で使用を開始している。

国産車の開発が遅れている電気バスも2014年以降に次々と上陸し、韓国・ファイバー製の大型車が北九州市交通局、薩摩川内市で、中国・BYD製の大型車・中型車・小型車がプリンセスライン、岩手県交通、伊江島観光バス、富士急バス、会津乗合自動車、協同観光バス、平和交通、つくばみらい市、大熊町などで、中国・揚州亜星の小型車がイーグルバス、レスクルで営業運行を開始している。

スカニア＋バンホールの「アストロメガ」。JRグループの関東、東海、西日本、四国が導入

ヒュンダイのハイデッカー「ユニバース」。那覇バスでは3列シートの豪華定期観光バスに

スカニア＋ボルグレンのフルフラットノンステップバス。東京都交通局が2018年度に採用

BYD製の電気バス。京都市のプリンセスラインは全長12mの「K9」を2015年に運行開始した

全国で進む
自動運転の実証実験

　バス運転士の不足を背景として、近年はバスの自動運転の実証実験が各地で進められている。2016年にはフランス・イージーマイル製の定員12人の小さな電気バスが、千葉市幕張の公園内、秋田県田沢湖畔の公道で走行実験を行った。2017年にはフランス・ナヴィヤ製の15人乗り電気バス「アルマ」が、東京都港区のプリンス芝公園内で走行実験を行った。ナヴィヤは自動運転ソリューションを提供するために創業した企業で、すでに世界20か国以上で自動運転バスを導入した実績がある。日本では茨城県の境町が2020年11月から、シンパシーホール〜河岸の駅さかい間で、国内

よこはま動物園周辺で行われた相鉄バスの自動運転実証実験。バスは営業所から遠隔操作され、ステアリングが自分で回る。緊急時に備え、運転士が運転席の横に乗務している

初の自動運転による定時運行を開始した。またウィラーが2021年3月に、東京都豊島区のIKE・SUNPARK周辺の公道で、走行実験に加え、アプリで注文した食事のデリバリーサービスの検証などを行った。いずれも事前に作成した高精度マップと現在地を照合しながら、最高時速20km未満で「アルマ」が自動走行。駐車車両の回避や緊急停止などは乗車しているオペレーターが行っている。

　こうした小型車の自動運転の目的は、新たなコンセプトのバスサービス

を提供するものである。これに対して、既存の路線バスを自動運転化するための実証実験も進められている。群馬大学と同大から発足したベンチャー企業・日本モビリティのチームもそのひとつである。2019年9月に相鉄バスの日野の大型バス・ブルーリボンハイブリッドを使用し、よこはま動物園正門〜里山ガーデン正面入口間の準公道で、自動運転の実証実験を行った。また2021年2〜3月には西武バスの同型車を使用し、飯能駅南口〜美杉台ニュータウン間の公道で、同年3〜4月には相鉄バスを使用し、左近山第1〜左近山第5間の公道で、それぞれ通常の営業運転と同じ形態の自動運転を行った。営業所からの遠隔操作により、バスは時速25km以下で自動走行。緊急時の操作などは運転士が行った。

　また経済産業省・国土交通省の自動走行事業を受託した国立研究開発法人産業技術総合研究所は、自動運転バスの運転事業者を公募した。これに応えた5社が選定され、2020年から2021年にかけて京阪バス、神姫バス、

茨城県境町ではナヴィヤ「アルマ」を使用した国内初の自動運転による定時運行を実施

飯能市のニュータウンでは、西武バスが通常の営業運転と同じ形態の自動運転を行った

西日本鉄道、茨城交通（ひたちBRT）、神奈川中央交通で中型車による自動運転の実証実験が行われた。

　JR東日本は2021年1〜3月、日野ブルーリボンハイブリッドを独自に改造し、気仙沼線BRT 柳津〜陸前横山間のBRT専用道路で、自動運転の実証実験を行った。専用道路という特殊な環境を生かし、時速60kmでの高速走行や電波状況の悪いトンネル内走行なども行われ、同年夏には沿線住民を対象とした試乗会も実施している。

こだわりの方向幕から
LED 表示器へ

　方向幕を研究しているバスファンは少なくない。バスの方向幕は戦前から見られ、当初はフロントガラスの上の小窓だった。戦後は拡大されてガラスが H ゴム支持となり、側面の乗降扉の上や隣の窓の上または下に設ける事業者が増えていく。都市部ではリヤウインドの上にも設置されたものの、地方では 1990 年代まで後面方向幕をつけない事業者が多かった。また都市部では 1960 年代、行先表示幕の隣に系統表示幕が新設された。1970 年代には前面方向幕、1980 年代には側面方向幕の大型化が進み、ボディのデザインが大型方向幕を前提にしたものになっていく。1982 年に登場した富士重工の 5E 型（大型路線タイプ）では、前面方向幕がフロントガラスのなかに収められた。2000 年代には LED 表示器が急速に普及し、当初の 3 色による単色表示から、4 色による白色またはカラー表示に変わりつつある。

　表示内容は、当初は行先だけだったが、系統が増えるにつれて、前面に経由地を併記したり、側面に主な途中停留所を列記したりする例も見られるようになった。大型化されると表記内容は多様化し、カラー印刷になったことで系統別や方向別の色分けが事業者ごと、あるいはひとつのエリア共通で行われていく。さらに車内放送などと一体で自動化されると、京都市営バスの循環系統のように、走行中に少し先の停留所名に切り替えていく工夫なども見られるようになった。

　LED 表示器ではこうした自由度がより高まった。西鉄バスのように、側面に列記した途中停留所のうち通過した部分が消えていくプログラムも採用されている。ただし初期の LED は単色表示で、方向幕で行っていた色分けができなくなった。このため西鉄バスでは、前面の LED 表示器の隣に小さな幕を設け、ここに方面別のカラーを表示している。また循環路線、

前面方向幕がフロントガラスに収められた富士重工 5E。黒地に白抜き文字がよく映える

系統番号を色分けしている京都市交通局では、カラー LED が登場するまで方向幕を採用

均一運賃路線、多区間運賃路線を色分けしている京都市営バスは、カラーLED 表示器を採用するまで方向幕を使い続けた。

　LED 表示器では簡単な絵柄も表示できるため、都営バスがとげぬき地蔵前行きにお地蔵さん、ハートアイランド経由にハートマークを添えるなど、アイコンを誤乗防止に活用する例も見られる。また近年では、回送車の表示を「すみません　回送中です」などとして、頭を下げる乗務員の絵を添える事業者も現れている。

　首都圏特有の表示に“終前”と“終バス”の色分けがある。これは当初、最終バスの1本前の方向幕を緑、最終バスの方向幕を赤い電球で照らす形で始まり、都電でも採用された。方向幕がカラー印刷になると幕そのものが緑または赤に着色され、LED 表示器では行先のまわりを緑または赤の枠で囲んで踏襲されている。

西鉄では前面の LED の隣に、従来から行ってきた方面別カラーの幕を設けて表示している

東武鉄道北越谷駅発最終の茨城急行バス。LEDでは行先を赤枠で囲む終バス表示になった

世界一多機能な
日本の運賃箱

　方向幕・LED表示器と並んで興味を持つファンが多いのが運賃箱である。海外旅行の経験がある人ならわかると思うが、海外のバスの運賃箱はかなりシンプルなものであり、おそらく日本の運賃箱は世界一多機能なのではないかと思われる。

　初期のワンマンバスは均一運賃区間で運行されたため、運賃箱は硬貨を入れる箱だけの簡単なもので、しばらくして円筒形の両替機が付加された。多区間運賃路線がワンマン化されると、両替機能が必須のものとなり、運賃箱に内蔵されるようになる。運賃の値上げが繰り返されるなかで、千円札を使用できるようになり、運転士が目視で投入額を確認せずに済むよう、投入額が自動表示される機能も加わる。首都圏の均一区間では両替でなく釣銭が出るタイプが一般的になる。

　磁気式カードが登場すればリーダー、ICカードが登場すればタッチ部分が取り付けられ、現金客用には、整理券に印刷したバーコードを読み取り、自動的に釣銭を出す機能が付加される。一日乗車券や定期券の発行、高速バスでの高額紙幣対応と乗車券・領収書の発行、乗客数のカウントまで行う多機能な運賃箱となっている。

　なお、現在のメーカーは一水製作所、小田原機器、オムロン、クラリオン、サクサ、レシップの各社で、複数メーカーの運賃箱を搭載している事業者もある。

（左）小田急バス一般路線車の運賃箱。4種類の硬貨と千円札が使用でき、ICカードを読み取ることができる
（右）防長交通一般路線車の運賃箱。運賃は両替後に支払う方式で、磁気式カードのリーダーがついている

バスという業界を知る

営業ナンバーのバスは
3種類

　バス事業者が運賃を収受して運行するバスは、緑色のナンバーをつけている。最近、増えつつある絵入りの白いご当地ナンバーも、よく見ると緑色の縁どりがつけられている。では、この緑ナンバーにはどのような意味があるのだろうか。

　バスの運行は多くの人命を預かる仕事なので、安全性を確保し、過当競争を防止するため、営業するには道路運送法にもとづく許可が必要である。この許可を得た事業者に対して、営業用の車両の目印として交付されるのが緑ナンバーである。道路運送法第3条1項では、一般旅客自動車運送事業について、一般乗合、一般貸切、一般乗用の3種類が規定されている。このうち一般乗用は定員10人以下のものであり、タクシーやハイヤーが該当するのでバスではない。また道路運送法第3条2項では、特定旅客自動車運送事業が規定されている。したがって、緑ナンバーのバスには、一般乗合、一般貸切、特定という3種類があることになる。

　一般乗合とは、世間一般の人々を旅客として、決まった路線で、決まった時刻に運行されるバスのことをいう。いわゆる路線バスのほか、都市間を結ぶ高速バス、観光地などに見られる定期観光バスなどが該当する。定期観光バスは貸切バスのように見えるが、決まったコースを決まった時刻に走り、乗客が1人でも運行されるので、一般乗合バスなのである。一般貸切とは、世間一般の人々を旅客として、貸切で運行されるバスのことをいう。個人でバスを借りるケースも、旅行代理店等がバスを借りて参加者を募集するケースも含まれる。また定期観光バスのように走っていても、最少催行人員が明記されているものは貸切バスを使ったツアーである。

　特定とは、特定の人々を旅客として、契約を結んで運行されるバスのことをさす。企業と契約して社員を運ぶ通勤バス、学校と契約して生徒・児

童を運ぶ通学バス、ある施設と契約してその利用者を運ぶ送迎バスなどがこれに該当する。

このほか、道路運送法第21条2項にもとづいて運行される通称"21条バス"というものがある。「一般乗合事業者による運行が困難な場合」、一般貸切免許で乗合営業を行うもので、廃止路線の代替バスやコミュニティバスなどがこの方法で運行されていた。しかし2006年の法改正以降は、"21条バス"は臨時運行等のものに限定されている。

また、道路運送法第80条にもとづいて運行される通称"80条バス"というものがある。「公共の福祉を確保するためやむを得ない場合」、白ナンバーの自家用バスを有償で路線バスのように運行するもので、自治体の自主運行バスなどがこの方法で運行されていた。こちらも2006年以降は、詳細な規定が設けられている。

神奈川中央交通の一般乗合バス。同社の乗合バス免許台数は国内一の規模となっている

エイチ・ビー観光の一般貸切バス。函館バスのグループ会社で、貸切バスだけを営業する

西武総合企画の特定バス。西武バスのグループ会社で、企業や学校との契約輸送を行う

東京都小笠原村の村営バス。小中学生の通学の足などを担う"80条バス"のひとつである

032 バス会社の多くは零細企業だった

　日本で最初の乗合バスが1903年に京都市で運行されたことはPoint005で紹介した。しかし、明治末期から大正初期にかけての乗合バスは、車両故障が多発し、乗合馬車屋からの妨害も受けるなど、その営業に苦労していたようである。伊豆半島の湯ヶ島で大正初期に幼少期を過ごした作家の井上靖は、自伝小説『しろばんば』のなかで、湯ヶ島に初めて乗合バスがやってきた日のことを描いている。

　ある年の正月5日の午後、1台のバスが村役場の前に停車すると、大人たちも子どもたちもその周囲に集まる。洪作（井上靖自身）もおばあさんと一緒に見に行く。初めは遠慮して遠くから見ていた子どもたちだが、しばらくすると、近づいて車体にさわったり、内部に乗り込んだりするようになる。バスはそのまま3日間そこに置かれていた。子どもたちは毎日バスの近くで過ごし、一日中、そこから離れない子どももいた。大人たちもかなり遠い集落からバス見物にやってきた。

　何回目かに洪作がそこへ行くと、馬車曳きと小学校の用務員が口論していた。「バスが走ろうと、人は乗ることはあるめえ。なにぶん機械だから、いつ故障して谷の中へつんのめらねえとも限らぬ。そんなものに誰が大事な命を預けるものか」と馬車曳き。「馬は畜生だから、いつ気がふれて駈け出さねえもんでもねえ。もうバスの時代だ。バスが走るようになったら、誰がラッパ吹いてガタンゴトン走る馬車などに乗るもんか」と用務員。やがて馬車曳きがバスの車体を下駄で蹴ったことで2人は取っ組み合いの喧嘩になり、周囲の大人たちに止められた。

　馬車曳きが馬を可愛がっている姿を見るのが好きだった洪作は、馬車曳きに味方したい気持ちが強かった。しかし第三者として傍観している限りでは、用務員のほうに分があり、馬車曳きのほうに敗色濃いものがあった。

天城トンネルを抜けた下田自動車の大仁行き乗
合バス（『東海自動車七十年のあゆみ』より）

長野〜上山田間で開業した川中島自動車の上山
田営業所（『川中島バス80年史』より）

のちに日ノ丸自動車に合併された高城自動車の
創業時代（『日ノ丸自動車八十年史』より）

福島県の南部で松田屋旅館が営業していた乗合
バス（『福島交通七十年のあゆみ』より）

　馬車曳きは用務員に敗れたというよりは、村の人全体に敗れたといったと
ころに感じられた。と、結んでいる。

　伊東や大仁を中心にバス事業を始めた下田自動車は、1918年に社名を
東海自動車に変更した。以来、東海自動車は今日までバス事業を営んでお
り、同一商号で営業を続けるバス事業者としては最も長い歴史を持ってい
る。しかし、当時のバス事業者の多くは２〜３台で１〜２路線を営業す
る零細企業が多く、個人が１台のバスで１路線だけを営業する例も少なく
なかった。バスがとても高価なものだったので、購入費を回収するために
乗合バスを始める商店や旅館などもあったようである。こうした乱立状態
は次第にそれぞれの疲弊につながり、大正末期から昭和初期にかけて有力
事業者に買収され、個人が営業する乗合バスは消えていった。

033 一国一城の会社が 多い理由

　個人事業主や零細企業が始めた乗合バスだが、今日の乗合バス事業者の多くは何台ものバスを所有していて規模が大きく、奈良県の奈良交通や宮崎県の宮崎交通などのように、都市間バス以外の路線バスをほぼ全県1社で営業している事業者もある。一国一城ともいえる今日の状況に至るには、歴史があるのである。

　1937年に日中戦争が始まり、翌1938年に国家総動員法が発令されると、日本は戦時体制に突入した。新規事業の抑制、系統数や運行回数の抑制、代燃車使用の奨励などが行われ、鉄道との重複区間や不要不急の観光路線が運休となった。

　1938年には陸上交通事業調整法も交付され、国策として自動車運送事業の統合が進められていく。「急ぎ調整を要する地域」として東京市とその周辺、大阪市とその周辺、富山県、香川県、福岡県が指定された。これを受けて東京では、市内のバスは東京市に、郊外のバスは一部を除いて、東急、西武、東武、京成の各鉄道傘下に統合された。大阪では、市内のバスは大阪市に、郊外のバスは一部を除いて、近鉄、阪急の両鉄道傘下に統合された。富山県では富山地鉄、香川県では琴電と琴参、福岡県では西鉄を中心に統合が進められた。戦後は財閥解体の影響もあり、東急から京急、小田急、京王、阪急から阪神、京阪、近鉄から南海が分離された。ただし、小田急グループに小田急バスという会社はなかった。調布を本拠にして創業し、軍需輸送を行っていたので戦時統合から外された武蔵野乗合自動車を戦後、小田急電鉄が傘下に収めて小田急バスと改称した。小田急と名がつく同社のバスが、JR中央線方面を走っている理由はここにある。

　その他の地域も1942年に出された通牒によって統合が開始された。統合のブロック分けは各道府県によって異なり、たとえば上記の奈良県は全

県を1社にする方針が示された。奈良県では陸上交通事業調整法以後の政策的な統合により、すでに県北部が奈良自動車、南部山間地が吉野宇陀交通、吉野郡中西部が普賢南和乗合自動車、大峯自動車、吉野自動車という5社になっていたが、1943年に奈良自動車が他の4社を合併し、社名を奈良交通と改め県下全域のバスを運行した。また長野県は全県を6つのブロックに分けて統合され、長野地区北東が長野電鉄、長野地区西南が川中島自動車、中信地区は松本電気鉄道、東信地区は千曲自動車、諏訪地区は諏訪自動車、中南信地区は信南交通に統合された。このような戦時統合が全国で進められた結果、財閥系の会社や地方鉄道のバス部門、軍需輸送を担っていた事業者などを除き、乗合バス事業者はみな一定規模以上になったのである。

　なお、参考資料として96〜106ページに、日本バス協会会員の乗合バス事業者一覧を掲載した。

阪神急行電鉄沿線の事業者の統合を行った阪神合同バス（『阪急バス最近10年史』より）

京成電気軌道自動車部が1937年に開設した習志野営業所（『京成電鉄85年のあゆみ』より）

西武農業鉄道傘下の西武自動車が運行したアンヒビアン（『西武バス60年のあゆみ』より）

三重県下の近鉄沿線のバス事業者を統合した三重交通（『三重交通50年のあゆみ』より）

こんなにある
グループ会社

　大手私鉄のなかには自社路線の周辺や地方の鉄道会社を傘下に持つものが少なくない。そしてバス専業の事業者のなかにも、大手私鉄の傘下にあるものは多い。

　京成グループには京成バスのほか、千葉交通、千葉中央バス、成田空港交通、千葉海浜交通、千葉内陸バス、東京ベイシティ交通、京成トランジットバス、東京空港交通、船橋新京成バス、松戸新京成バス、関東鉄道、小湊鐵道と、各社から分社された子会社がある。東武グループには東武バスと運行会社の東武バスセントラル、東武バスウエスト、東武バスイースト、東武バス日光のほか、朝日自動車、関越交通、川越観光自動車、阪東自動車、茨城急行自動車、国際十王交通、日光交通、東北急行バス、桐生朝日自動車がある。西武グループには西武バスと同社から分社された子会社のほか、近江鉄道、伊豆箱根バスがある。

　大東急から分離された各社では、傘下のバス会社の持ち替えも行われた。現在は東急グループが東急バス、東急トランセ、じょうてつ、網走交通である。京王グループが京王電鉄バス、京王バス、京王バス小金井、西東京バス、京王自動車である。小田急グループが箱根登山バス、神奈川中央交通、小田急バス、立川バス、東海自動車、江ノ電バス、小田急箱根高速バスと、各社から分社された子会社である。京急グループが京浜急行バス、川崎鶴見臨港バス、東洋観光である。

　相鉄グループには相鉄バスがある。名鉄グループには名鉄バス、名鉄観光バスのほか、北陸鉄道、岐阜乗合自動車、豊鉄バス、知多乗合、東濃鉄道、濃飛乗合自動車、北恵那交通、宮城交通と、各社から分社された子会社がある。

　近鉄グループには近鉄バスのほか、奈良交通、奈良観光バス、三重交通、

三重急行自動車、八風バス、三交
伊勢志摩交通、名阪近鉄バス、明
光バス、北日本観光自動車、防長
交通、防長観光バスがある。南海
グループには南海バスのほか、和
歌山バス、関西空港交通、熊野御
坊南海バス、徳島バス、四国交通
と、各社から分社された子会社が
ある。京阪グループには京阪バスの
ほか、京阪京都交通、京都京阪バ
ス、江若交通、京都バスがある。阪
急グループは阪急バス、阪急観光バ
スのほか、大阪空港交通、阪神バス、
丹後海陸交通となっている。

西武グループの事業者としてライオンズカラーの
路線バスを運行している伊豆箱根バス

高速車・貸切車を小田急グループカラー、路線
車を小田急バスカラーにしている立川バス

　西鉄グループには西日本鉄道と
同社からエリアごとに分社された
西鉄バス北九州などの子会社のほか、西鉄観光バス、亀の井バス、日田バ
スがある。

　これらのグループの多くでは、1990年代にGI（グループ・アイデンティ
ティ）が導入され、貸切バスを同じボディカラーに統一するなどの取り組
みが行われている。

名鉄バスカラーにコーポレートカラーの緑のライ
ンをあしらっている東濃鉄道の路線バス

京阪グループの事業者ながら、京阪バスとは異
なる自社カラーを踏襲している江若交通

分社子会社って何？

　戦時統合によって誕生した大きなバス事業者は、スケールメリットを生かして効率的な経営が行える半面、営業エリア内の細かなニーズに応えにくい側面がある。とくに1980年代以降、地方の人口流出が続くと、都市部と同じシステムで営業することが困難になってきた。そこで各社が取り組んだのが分社化である。

　西日本鉄道は1986年に二豊交通と鳥栖交通を設立し、中津地区と鳥栖地区の路線を移管した。コストダウンによって路線を維持し、地域に密着した経営を行おうという取り組みである。以後、次々と分社子会社を設

500台以上のバスを運行する西鉄バス北九州。路面電車代替路線カラーは同社だけに存在

京成電鉄自動車部時代の1995年に分社したちばフラワーバス。成東を中心に営業している

一畑電気鉄道が隠岐島の路線を分社した隠岐一畑バス。その後、本土の路線も一畑バスに

東武鉄道の"肩代わり方式"により貸切専業から路線バス事業者となった川越観光自動車

立し、分社同士の再編を行った結果、現在は西鉄バス北九州、西鉄バス佐賀、西鉄バス久留米、西鉄バス筑豊、西鉄バス大牟田、西鉄バス宗像、西鉄バス二日市がそれぞれの地域輸送を担っている。西鉄バス北九州は所有車両が 500 台を超える大きな子会社である。

　首都圏と関西圏の鉄道会社を中心に、鉄道とはコスト構造の異なるバス部門を分社する動きも見られた。これにより、京成バス、東武バス、京王電鉄バス、京浜急行バス、相鉄バス、名鉄バス、近鉄バス、南海バス、阪神バス、山陽バスなどが誕生し、小回りの利く体制で新たなスタートを切った。並行して首都圏でも地域分社が設立され、京成ではちばフラワーバス、ちばレインボーバス、ちばシティバス、ちばグリーンバス、京成タウンバス、京成バスシステム、京王では京王バス東、京王バス中央、京王バス南、京王バス小金井、小田急では小田急シティバス、京急では羽田京急バス、横浜京急バス、湘南京急バス、名鉄では名鉄バス中部、名鉄バス東部、南海では南海ウイングバス金岡、南海ウイングバス南部がそれぞれの地域の路線バス、高速バス、貸切バスなどの運行を担っている。

　ユニークな分社化を行ったのは東武鉄道である。首都圏の 6 都県に及ぶ路線網を持っていた同社はまず、北関東の路線をグループの乗合バス・貸切バス・タクシー事業者に移管する“肩代わり方式”をとった。これにより関越交通、川越観光自動車、阪東自動車、茨城急行自動車、国際十王交通、日光交通が東武鉄道の一部路線の運行を開始した。残った東京近郊と日光地区の路線については、新設した東武バスが資産管理を行い、実際の運行は地域ごとに東武バスセントラル、東武バスウエスト、東武バスイースト、東武バス日光が行う方法を採用した。

　分社子会社はきめ細かな経営が行える一方で、会社の単位が小さいため需要の波動への対応が難しく、運転士不足の今日では不自由を強いられる側面もある。このため、分社子会社を再び本体に統合する動きも見られるようになっている。

Point
036

路線バスにもある
相互乗り入れ

　鉄道の業界では郊外を走る私鉄やJR、都心部を走る地下鉄が、相互乗り入れをしている例は多い。実は路線バスでも、相互乗り入れは行われている。Point033で紹介したように、多くのバス事業者の営業エリアは国策である戦時統合によって決められた。しかし、高度経済成長下で人々の動きが活発化すると、各事業者の営業エリアを越えた長距離のバス路線を求める声が次第に高まっていった。

　東京では戦後、多くの住民が郊外に転居し、郊外から都心への通勤需要が増加した。しかし当時の地下鉄は銀座線だけで、私鉄で山手線のターミナルに出た乗客は、都電や都バス、国電への乗り換えを強いられていた。路線バスの営業エリアは戦時統合により、都営バスが旧東京市内（山手線の品川・新宿・池袋・赤羽以東、荒川放水路以西の地域）、民営バスがその外側と決められていた。そこで都営バスと民営バスが相互乗り入れを行うことで、郊外〜都心間の直通系統が新設された。1947年にまず、東京駅〜都立高校（現・都立大学）・洗足・駒沢間を東急と、東京駅〜大山・志村橋間を国際興業と、東京駅〜草加間を東武と、東京駅〜市川間を京成と都営バスの相互乗り入れで運行開始した。1951年末には西武、関東、京王、小田急、京急を加えた9社と29系統・508.1kmが運行されていた。

　首都高速道路が開通すると、東京駅〜桜新町間と東京駅〜等々力間の通勤時間帯の一部の便を首都高速経由とするなどスピードアップが図られたが、次々に地下鉄が開業し、私鉄や国電との相互乗り入れが始まると、所要時間で太刀打ちできない直通バスは役割を終えて廃止または営業エリアの境界で系統分割された。また、他の大都市で運行されていた直通バスも同じように消えていった。

　ところで、境界で乗務員が交代することが多い鉄道の相互乗り入れと異

草加松原を行く南千住行き。東武バスは戦後、東京駅まで乗り入れた（写真提供：東武バス）

乗り入れで鳥取と姫路を結んだ日ノ丸自動車と神姫自動車（『日ノ丸自動車八十年史』より）

なり、バスの相互乗り入れの境界はとてもわかりづらい。しかし、バス停の形に注目していれば、その系統の境界を知ることができる。たとえば、都営バスと京王バスが相互乗り入れしている阿佐ヶ谷駅〜渋谷駅間の渋66系統の場合、阿佐ヶ谷駅から環七通りの和泉一丁目バス停までは交通局が立てたバス停、甲州街道の代田橋バス停から渋谷駅までは京王が立てたバス停で、ここが境界とわかるのである。

　相互乗り入れと似たものに共同運行がある。2社以上が営業エリアとしている地域に路線バスを走らせる際、一緒に免許申請して共同

目黒通りを行く東98系統の都営バス。東98系統は2013年から東急バスの単独運行となった

阿佐ヶ谷駅の都営バスのバス停に停まる京王バス。渋谷駅では都営が京王のバス停に発着

で運行するものである。たとえば、中国JRバスが撤退した岡山駅〜中庄駅〜倉敷駅間の旧国道2号の路線は、両備ホールディングス、岡山電気軌道、下津井電鉄の3社が共同運行している。

高速バスが生んだ
全国的な共同運行

　1964年に開業した名神ハイウェイバスと1969年に開業した東名ハイウェイバスでは、高速道路沿線のバス事業者個々の参入は認められず、民間は沿線事業者の共同出資会社を設立して参入した。その結果、名神は国鉄と日本急行バス、日本高速自動車、東名は国鉄と東名急行バスがそれぞれに高速バスを運行した。

　一方、1969年の中央道富士吉田線の開通時には、京王帝都電鉄と富士急行が共同運行で高速バスを開業した。この2社は1956年から一般道経由で新宿〜河口湖・山中湖間の直通バスを運行しており、これを高速道路に乗せ替える形で運行を継続した。以後、中央道の延伸とともに次々に開業した高速路線にも、京王と沿線

一般道時代からの京王と富士急の共同運行が、高速バスになっても踏襲された富士五湖線

品川〜弘前間の夜行バス「ノクターン」では、京急と弘南が同じカラーのバスを用意した

事業者の共同運行方式を採用し、甲府線は富士急行、山梨交通、伊那・飯田線は富士急行、山梨交通、伊那バス、信南交通、諏訪岡谷線は富士急行、山梨交通、諏訪バス、JR東日本とともに開業した。名古屋鉄道と信南交通は1952年から一般道経由で名古屋〜飯田間の直通バスを運行しており、中央道恵那山トンネルが開通した1975年にこれを高速経由に変更し、伊那バスを加えて伊那線を開業した。

　中央道の高速バスの共同運行方式は、全国的なスタンダードとし

て定着した。ただし、その後の高速バスは初期の東名高速や中央道のように、途中停留所にこまめに停車しない起終点直行型となったため、伊那・飯田線の富士急行や山梨交通のように、途中停留所を営業エリアとする事業者の参加は見られなくなった。逆に、起終点直行型となったことにより、東名高速でもしずてつジャストラインや遠州鉄道が、JR グループや京王との共同運行による路線開設を行っている。

関越高速バスでは、日産ディーゼル車のない越後交通も西武・新潟交通との同型車を購入

国際興業・岩手県交通の共同運行から、岩手県交通の単独運行となった「けせんライナー」

　中国道の全通に合わせて 1983 年、阪急バスと西日本鉄道の共同運行で、大阪〜福岡間の夜行高速バス「ムーンライト」が開業した。この路線の 2 代目車両が、のちの夜行高速バスの標準タイプとなったことは Point022 で紹介した。加えて、共同運行を一歩進んだ方式にした路線としても知られている。具体的には、2 社がボディカラーと仕様を統一した車両を用意し、2 社のバスが相互の起点都市を毎日交互に出発し、2 人の乗務員が交代で運転し、終点都市では相手側の営業所で車両の待機・給油や乗務員の仮眠などを行うものである。この方式は夜行高速バスの全国的なスタンダードとして、3 社以上の共同運行の例も含めて定着した。

　しかし、その後の営業コストの上昇、都市側と地方側事業者のコストの違い、バス運転士不足の深刻化などを背景として、近年は実際のバスの運行は一方の事業者だけが行い、もう一方の事業者は運行支援だけを行う例も増えつつある。

管理の受委託って何？

　1987年に国鉄が分割民営化されると、国鉄が単独運行していた東京〜京都・大阪間の「ドリーム号」も、JRバス関東（当初の1年はJR東日本）と西日本JRバス（当初の1年はJR西日本）の共同運行になった。しかし、深夜の三ヶ日営業所で国鉄乗務員が交代していたワンマン運行を、民間事業者のようなツーマンの共同運行にしてしまうと、人件費が2倍に膨れ上がってしまう。これを防ぐためにとられた手段が管理の受委託である。管理の受委託とは、道路運送法第35条の規定にもとづいて、バス事業者が別の事業者にバスの運行や管理などを委託することである。「ドリーム号」の例では、JRバス関東の車両でも西日本JRバスの車両でも、東京〜三ヶ日間をJRバス関東、三ヶ日〜京都・大阪間を西日本JRバスの乗務員が運転する。これにより、乗務員の運転距離が半分になるため、ツーマン運行と同じ距離の路線をワンマン運行できるのである。この方法はJRバス関東伊那支店を使って中央道経由の「ニュードリーム号」にも採用されたほか、他のJRグループや西武観光バスとの共同運行などでも行われ、高速バスの運行コストの低減に貢献している。

　路線の中間地点に拠点を持たない民間事業者同士の共同運行では、管理

首都圏と関西を結ぶ「ドリーム号」は、車両にかかわらず東京側をJRバス関東が担当する

札幌と根室を結ぶ「オーロラ号」は、車両にかかわらず札幌側を北都交通の乗務員が運転

の受委託を行うことはなかなか難しい。しかし、北都交通と根室交通が共同運行する札幌〜根室間の夜行高速バス「オーロラ号」では、両社で管理の受委託が行われ、運行車両にかかわらず札幌〜幕別間を北都交通、幕別〜根室間を根室交通の乗務員が運行している。それぞれの乗務員はツーマンだが、幕別で上り便と下り便を乗り換えて自社の拠点に戻れるので、拘束時間が1泊分に短縮できるのである。

　1990年代以降に急増したのが、路線や営業所を丸ごと受委託するものである。Point035で紹介した分社子会社は、本体より低コストで営業できる体制にある。そこで路線移管とは別に、路線の免許と車両は本体に維持したまま、運行管理・運転・整備を子会社に委託する方法がとられた。本体は営業コストを削減することができ、子会社は一定の収入を保証されるメリットがある。乗客から見ると、バス停とバスは本体のものだが、ハンドルを握っているのは子会社の制服を着た乗務員ということになる。この方法は、営業コストを削減したい公営交通でも導入されている。たとえば、都営バスの港南、新宿、杉並、青戸、臨海の各支所ははとバスに委託されている。このほか、全国7市の市営バスと長崎県営バスでも民間事業者への管理委託が行われている。ただし、委託営業所の乗務員も公営バスの制服を着ているので、乗客の多くは委託に気づくことなく利用している。

浅草雷門を行く青戸支所所属の都営バス。青戸支所は2006年からはとバスに管理委託した

大阪市交通局から大阪シティバスに変わっても、南海への委託が続いている井高野営業所

公営バスは
どうして生まれたのか?

　日本の乗合バスの多くが零細企業や個人によって創業し、戦時統合によって大規模な事業者になったことはPoint032で紹介した。一方で、日本には多くの公営バスが存在している。こうした公営バスはどのようにして生まれたのだろうか。

　日本で初めて公営バスが走ったのは旧東京市である。1923年の関東大震災で市電が壊滅的な被害を受けたため、復旧までの補助機関として、1924年に2つの系統で市営バス（現・都営バス）の運行を開始した。市電の復旧とともに廃止が検討されたものの、すでに市営バスが市民に定

東京駅〜中渋谷間と東京駅〜巣鴨間で開業した
東京市営バス（写真提供：東京都交通局）

神奈川〜三ツ沢間や磯子〜間門間などを結んだ
横浜市営バス（写真提供：横浜市交通局）

市街地外縁部の出町柳〜植物園間で運行開始した京都市営バス（写真提供：京都市交通局）

市電を守るために須磨駅前〜灘桜口間で開業した神戸市営バス（写真提供：神戸市交通局）

着しており、車両購入費と設備建設費の回収、従業員の処遇も考慮し、東京市は市営バスの存続を決定した。関東大震災では横浜市電も大きな被害を受け、市域の郊外の需要に応える市電の延長ができなかった。このため1928年から、7つの系統で市営バスの運行を開始した。

　主要都市での郊外の人口増加は全国的に見られ、市電を補完する交通機関として市営バスを開業した例は多い。1927年には大阪市、1928年には京都市、1929年には鹿児島市、1930年には札幌市で市営バスが開業した。また昭和初期のバス事業者はまだ零細だったため、それを補完したり、買収したりして開業した市営バスもあった。1926年には青森市、1929年には松江市、徳島市、若松市（現・北九州市）、1932年には八戸市、1936年には佐賀市で市営バスの運行を開始した。

　逆に名古屋市と神戸市では民営バスの開業が相次ぎ、市電と競合して経営を圧迫することが懸念された。そこで1930年、市電を擁護するために市営バスを開業した。また長崎県では雲仙が全国初の国立公園に指定されたが、雲仙には鉄道が通じておらず、長崎〜雲仙間を結ぶ交通手段がなかった。そこで長崎県はこの区間の小規模事業者5社を買収し、長崎〜諫早〜雲仙間の県営バスを開業した。

　戦時統合で誕生した公営バスもある。秋田市では1941年に秋田電気軌道の、函館市は1943年に道南電気軌道の軌道線と乗合バスを譲受した。大正時代から市電を営業していた仙台市も、1942年に仙台市周辺のバス事業者を買収した。1943年には宇部鉄道が国有化され、翌1944年から同社の乗合バスを宇部市が譲受した。

　戦後の復興輸送が始まると、戦災で疲弊した民間事業者が対応できないバス輸送を担う公営バスも開業した。1946年には姫路市、1949年には伊丹市、1951年には明石市が市営バスの運行を開始した。川崎市も市電の復旧やトロリーバスの開業と合わせ、1950年から市営バスの運行を開始した。高槻市も市営バスの運行を計画し、阪急バスと協調して地元事業者を買収したうえで、1954年に開業している。

040 大都市に登場した
公営トロリーバス

　架線からトロリーポールで集電し、モーターで走行するトロリーバスは、日本の法令では無軌条電車と呼ばれる。運転には大型二種免許だけでなく、電車のように動力車操縦免許が必要である。バスのようでバスではなく、電車のようで電車ではないトロリーバスも、戦後の公営交通で復興輸送を支えた歴史がある。

　日本で初めてトロリーバスを本格運行したのは京都市である。市電四条線の延長にあたって、国鉄山陰本線と交差しており、地下に新京阪鉄道（現・阪急京都線）があるために掘り下げることもできない四条大宮～西大路四条間を、1932年にトロリーバスとして開業した。1958年には市電梅津線を無軌条化してトロリーバスを段町まで、1962年には松尾橋まで延長した。名古屋市では戦時体制下の1943年、燃料統制により不足したバスの輸送力を補うため、市電より短い工期で開業できるトロリーバスを東大曽根町～桜山町間で運行開始した。しかし、1950年の名古屋市での国体開催に伴い、輸送力の高い市電が建設され、1951年までに全廃された。

今井橋～上野公園間を所管する今井営業所の都営トロリーバス（写真提供：東京都交通局）

踏切を渡る池袋～浅草雷門間の車両はエンジンつきだった（写真提供：東京都交通局）

　戦後は公営交通の復旧が急がれたが、市電の拡充には時間が必要で、バスの拡充には燃料事情が障

資材輸送用のトンネルを使って開業した関西電力のトロリーバス（写真提供：関西電力）

大観峰と室堂を結ぶ立山黒部貫光のトロリーバス。現在では国内唯一の路線となっている

害となった。　そこで、工期が短く燃料調達の必要がないトロリーバスに白羽の矢が立ち、各地で開業が相次いだ。川崎市は1951年に川崎駅〜池上新田〜桜本間を開業し、1954年に池上新田〜日立造船前間、1964年に日立造船前〜鋼管水江製鉄前間を延長した。東京都は1952年に今井橋〜上野公園間を開業、1958年までに計4系統の運行を開始した。大阪市は1953年に大阪駅〜神崎橋間を開業、1962年までに計6系統の運行を開始した。横浜市は1959年に横浜駅西口〜三ツ沢西町〜横浜駅西口の循環系統を開業した。　しかし、高度経済成長下でモータリゼーションが進み、トロリーバスは路面電車とともに定時性を失い、次第に利用者が離れ赤字体質に陥った。　このため、川崎市では1967年、東京都では1968年、京都市では1969年、大阪市では1970年、横浜市では1972年に全廃された。

　一方、関西電力は1964年、黒部川第四発電所建設のための資材輸送用トンネルを観光に転用した。　その際、退避施設以外は1車線であること、全線がトンネル内であることから、扇沢〜黒部ダム間に関電トロリーバスを運行した。同じように工事用トンネルを観光に転用した大観峰〜室堂間には、立山黒部貫光のディーゼルバスが導入されていたが、環境保全のために1996年から立山トロリーバスに転換された。関電トロリーバスは車両の代替時期を迎えた2019年、電気バスによって代替されたため、現在は立山トンネルのバスが国内唯一のトロリーバスとなっている。

公営バスの民営化が止まらない！

高度成長下で進んだモータリゼーションは、路面電車やトロリーバスだけではなく、路線バスの定時性の喪失と乗客の逸走も招いた。地下鉄網が形成された大都市では、バスはフィーダー輸送に徹したいところ、公共福祉の側面も持ち合わせる公営バスでは、地下鉄との重複区間を簡単には廃止できなかった。また平均的に、公営バスの従業員は民営バスの従業員より高給だとされている。運転士1人あたりのハンドル時間や車両1台あたりの稼働時間も、公営バスは民営バスより短い傾向にあ

札幌市交通局からJR北海道バスが引き継いだCNGバス。JRグループ初のCNGバスとなった

明石市交通部から神姫バスが引き継いだ車両。明石市営バスカラーのまま使用されていた

る。こうした要因により、公営バスの多くが1960年代から慢性的に赤字を計上するようになった。公営バスは地方公営企業であり、収支は一般会計から切り離された企業会計によって処理されるが、赤字額の一部を一般会計から補填している例も多く、近年は公営バスの存在意義が問われるようになっている。

そんななか、公営バスを廃止する自治体が1960年代から現れ、少子高齢化が進み自治体の一般会計が厳しさを増した2000年代には、一気に加速している。1960年代には新居浜市、出雲市、笠間市の市営バスが廃止された。1980年代には浜松市と倉敷市から市営バスが姿を消している。

1990年代には山口市営バスが廃止された。2000年代に入ると、2003年に函館市、2004年に札幌市、中島町（愛媛県）、伊王島町（長崎県）、2005年に岐阜市、荒尾市、2006年に秋田市、2008年に三原市、尾道市、2010年に姫路市、2012年

相浦桟橋を行く佐世保市営バスカラーの西肥自動車。この路線は両事業者が競合していた

に苫小牧市、明石市、呉市、薩摩川内市、2013年に鳴門市、2015年に岩国市、小松島市、熊本市、2016年に尼崎市、2018年に大阪市、2019年に佐世保市と、毎年のように公営バスが姿を消していった。これらの多くは地元の民営バス事業者が路線を引き継いだが、尾道市は新設したおのみちバスに、岩国市は新設したいわくにバスに移管した。また大阪市は市営バスの一部を管理委託していた大阪運輸振興を大阪シティバスと改称して移管した。

　さらに収支を改善するため、青森市、仙台市、東京都、川崎市、横浜市、名古屋市、京都市、神戸市、長崎県が一部の営業所または路線を民営バス事業者に管理委託している。さらに、青森市、八戸市、仙台市、川崎市、横浜市、神戸市、徳島市、北九州市、鹿児島市、長崎県が一部の路線を民営バス事業者に移管している。

　縮小が止まらない公営バスであるが、その存在意義はないのだろうか。少子高齢化が加速しているいま、収支にとらわれないサービスの提供も必要であろうと、筆者は考える。公共福祉のための車両開発に予算を投じられるのも公営バスであり、リフトバスやノンステップバスの開発に公営バスの果たした役割は大きかったからである。

中之郷温泉付近を走る八丈町営バス。島民の大切な足として、新車の投入も行われている

最近目にする
コミュニティバスって何？

　公営バスが縮小されていく一方で、1990年代以降、急速に拡大されていったのがコミュニティバスである。コミュニティバスとは、自治体が主導して住民の足を確保するために運行するバスのことをさす。公営バスが独立採算の地方公営企業であり、収支が企業会計で処理されるのに対し、コミュニティバスは自治体のサービスのひとつであり、予算は一般会計から拠出される。またコミュニティバスには車両購入と運行業務、または運行業務のみを民間事業者に委託しているもの、運行ルートとダイヤの決定に自治体がかかわり、運行は民間事業者が主体となって行い、車両購入や赤字補填だけを行うものなど、さまざまな形がある。

　2006年より前に運行開始したコミュニティバスは、Point031で紹介した"21条バス"として、一般貸切免許の乗合営業で運行されるものが多かった。このため受託事業者は路線バス会社だけではなく、地元の貸切バス会社やタクシー会社も少なくなかった。2006年以降は乗合バスに変更されたため、貸切バス会社やタクシー会社は乗合バスの免許を申請して継続したが、免許申請を断念して撤退した事業者も見られた。東京都江東区のコミュニティバス「しおかぜ」のように、公営バスを営業する東京都交通局

扶桑通りバス停を走る武蔵野市「ムーバス」。7路線を関東バスと小田急バスに運行委託

長町武家屋敷跡を行く「金沢ふらっとバス」。4路線を北陸鉄道と西日本JRバスに運行委託

が運行を受託している異色の例も
ある。

　都市部でのコミュニティバスは、
既存の路線バスが走っていなかっ
た交通不便地域に設定されている。
このため小型バスを使い、住宅地
の狭い道路を縫うように走ってい
るものが多い。その第1号は1980

古峯神社終点に到着した鹿沼市「リーバス」。関東自動車が一般路線車で運行している

年に開業した武蔵村山市の「MMシャトル」で、現在も4ルートが運行
されている。また1995年に運行開始した武蔵野市の「ムーバス」は、高
頻度の循環運行や明朗な100円均一運賃などで黒字を計上するヒットとな
り、全国的なコミュニティバス開業ラッシュの火付け役になった。

　地方でのコミュニティバスは、廃止された路線バスの代わりとして、あ
るいはかつて路線バスがあった区間を復活させて運行されるものが多い。
たとえば、関東自動車が撤退した鹿沼市内の路線は、鹿沼市の「リーバス」
として引き続き運行されている。また東武鉄道が撤退した群馬県館林市・
邑楽町・千代田町・明和町・板倉町内の路線は、1市4町が運営する広域
公共路線バスとして復活した。

　コミュニティバスの欠点として、自治体主導で運行が計画されるため、

地域的な平等性にこだわりすぎ、
人の動線に合っていない路線や利
用者がわずかな路線が開設される
ことがある。また既存のバス路線
と重複する区間に安価なコミュニ
ティバスを走らせることで、かえっ
て既存路線の撤退を加速させるこ
ともある。

利根川の河川敷を走る広域公共路線バス。群馬県館林市と周辺4町が共同で運営している

国鉄バスは
なぜ生まれたの？

　民営バスでも自治体による公営バスでもない、もうひとつの乗合バスとして国鉄バスがあった。国鉄がバスの直営を行うようになったのは、1922年に制定された鉄道敷設法と関係している。同法により全国に数多くの鉄道予定線が設けられたが、その多くは国鉄の財政を悪化させかねない不経済線と見られたため、自動車で代行することが適当と考えられた。そこでまず7つの候補路線が選定され、第1次線として1930年、岡崎〜瀬戸記念橋〜多治見間の岡多線が開業した。窯業の町として栄え、貨物輸送の需要が高いにもかかわらず、中央本線の誘致に失敗した瀬戸は、自動車線を熱心に誘致したという。そうした背景から、国鉄は当初から自動車線の多角経営を行い、岡多線ではバス7台とトラック10台が運行された。

　1931年には三田尻（現・防府）〜山口間の三山線が開業。1933年3月までに亀山〜三雲間などの亀三線、安房北条〜千倉間ほかの北倉線、岡谷〜下諏訪間・丸子町〜上和田間の和田峠南線・北線、豊橋〜二川間の浜名線、幸崎〜佐賀関間の佐賀関線、倉敷〜茶屋町間の倉敷線、富山〜笹津間の笹津線が次々に開業した。

　国鉄自動車線の当初の経営方針は、①国有鉄道の付帯事業であること、

1930年に開業した国鉄バス（当時は省営バス）岡多線。岡崎〜瀬戸〜多治見間を結んだ

トレーラーを牽引するキャブオーバーバス。自動車線では当初から貨客双方を輸送した

開聞岳をバックに走る1970年代の山川線。国鉄バスの路線は戦前のうちに全国へ広がった

富士山をバックに走る東名高速線。高速道路の開通は国鉄バスに新たな時代をもたらした

②国有鉄道建設線の代行、先行たるもの、国鉄の短絡線となるもの、国鉄の培養線となるもの、および国鉄線の補完となるもの、と決められた。この「代行」「先行」「短絡」「培養」は〝国鉄バス4原則〟と呼ばれ、民間事業者を圧迫しないための鉄則だったが、実際には各地で競合が起こり、国鉄バス反対運動も展開されている。

　戦後は復興輸送のニーズが高まったが、物資不足から民営バス路線の再建が遅れていたため、地方からの強い要請を受ける形で、国鉄バスは全国的に路線の開設を進めた。しかし、これによって国鉄バス反対運動が再燃したことから、国鉄自動車は1949年から独立採算の公共企業体となり、1954年には日本乗合自動車協会（現・日本バス協会）に加盟して、民間事業者と同じ土俵に上がっている。

　道路網の整備が進むにつれて、国鉄の鉄道線は貨客を奪われ、自衛手段として国鉄自動車の拡大が目論まれた。非電化区間が多かった鉄道線の輸送力を補うため、並行道路に中長距離バスを走らせ、鉄道線からの旅客の流失を食い止めようと考えられた。そこで1957年、従来の「代行」「先行」「短絡」「培養」に、5つめの使命として「補完」が追加された。これにもとづき、全国で中長距離の急行便を次々に運行開始し、民間事業者と利害関係が生じる場合は、相互乗り入れも行った。名神・東名高速道路の開業時には、高速バスの運行も開始している。

国鉄バスの民営化は こうして行われた

1960年代に入ると、モータリゼーションの進行と人口の都市への流出により、国鉄バスの大半を占める地方路線の乗客が頭打ちとなった。国鉄自体も赤字に転じ、高度経済成長に合わせた輸送量増強のため巨額の借り入れを行ったことで、経営状況が年々悪化していった。そこでバス路線の再編、ワンマン化の推進、業務の効率化、検修の合理化が行われ、トラックによる貨物輸送は全廃された。

マイカー時代を迎えて乗客を失い、大幅な合理化を余儀なくされたのは、国鉄だけではなく民間事業者も同じである。ただし国鉄の場合、輸送改善に伴う多額の負債を抱えるなか、政治的な思惑から新線の建設が続行されるなど、合理化により収支を改善するだけでは解決できない背景があった。そして1980年代、世の中の流れは分割民営化に向かって大きく動き出すことになるのである。

国鉄問題を審議していた内閣の諮問機関・第二次臨時行政調査会は1981年、国鉄は5年以内に分割民営化すべきであるとの答申を出し、分割民営化が閣議決定された。1985年には日本国有鉄道改革法が公布され、国鉄は1987年4月に分割民営化のうえ、新しい経

幌加内に到着したJR北海道の深名線。同社の自動車部は2000年にJR北海道バスとして独立

松山駅前で乗客を乗せるJR四国の松山高知急行線。四国では2004年にJR四国バスを設立

営形態として再出発することが決定した。バス事業については適正規模で鉄道と関連を持ちながら自主的経営を行うことが望ましいため、いったん旅客鉄道会社に引き継ぎ、再分割・分離独立を検討するとされた。国鉄バスではこの趣旨に沿って、地域グループ数および鉄道との分離・非分離について検討した。

　その結果、北海道地方は北海道地方自動車部の7営業所を当面JR北海道の自動車事業部、四国地方は四国地方自動車部の8営業所を当面JR四国の自動車事業部、九州地方は九州地方自動車部の9営業所を当面JR九州の自動車事業部とすることとなった。また東北地方は東北地方自動車部の12営業所と信越地方自動車部から東北に移った十和田南、象潟、関東地方は関東地方自動車局の10営業所と信越地方自動車部から関東に移った小諸、中部地方自動車局から関東に移った伊那、下諏訪となり、いったんJR東日本に引き継ぎ、1年後に再分離することとした。東海地方は中部地方自動車局の6営業所となり、いったんJR東海に引き継ぎ、1年後に再分離することとなった。近畿地方は近畿地方自動車局の6営業所と中部地方自動車局から近畿に移った金沢、近江今津、穴水、中国地方は中国地方自動車部の11営業所となり、いったんJR西日本に引き継ぎ、1年後に再分離することとなった。

　こうして1987年3月、国鉄バスは開業から57年の幕を閉じ、4月1日から全国6つの旅客鉄道会社の自動車事業部「JRバス」として、新たな道を歩み始めた。

桜島ドライブインで休憩するJR九州の定期観光バス。JR九州バスの分社は2001年である

秋の若狭の古刹を巡る西日本JRバスの定期観光バス。いまはなき小浜支所が担当していた

045

貸切バス・
乗合バスの規制緩和

　戦時統合以来、半世紀以上にわたって一国一城の営業を行ってきたバス業界だが、1990年代に入るとグローバリズムの進展に合わせ、既得権益について避難されるとともに、バス事業参入への規制緩和や自由化を唱える声が高まった。これに応えて道路運送法が改正され、2000年に貸切バス、2002年に乗合バスの需給調整規制の廃止、いわゆる規制緩和が実施され、バス業界は大きく変貌した。

　これにより、事業参入については需給調整規制を前提とする免許制から、輸送の安全性や事業の適切性の確保などに関する基準をチェックする許可制に変更された。また貸切バス事業では、保有車両の必要数の緩和や営業区域の都道府県単位への拡大が行われた。運賃・料金規制についても、届出制に変更されている。その結果、貸切バスの事業者数は1999年度の2,336事業者から、2008年度の4,196事業者へと

2000年に"21条バス"の運行を始め、2002年に乗合バスの認可を受けたジャパンタローズ

ほぼ倍増した。しかし車両数と輸送人員の増加は約1.2倍にとどまり、営業収入に至ってはほぼ半減することとなった。競合による不正な値下げが貸切バスの収益率を圧縮し、貸切バスの経営を非常に厳しい状況に追い込んでいる。

　乗合バスについても、事業参入とともに規制されていた路線計画などが許可制に変更された。ダイヤの変更や路線の休廃止も、届出制に緩和された。運賃は確定額許可を原則とする強制運賃制から上限認可制に変更された。乗合バス事業への新規参入はわずかにとどまったが、高収益が期待

できる区間にピンポイントで参入する事業者が現れ、既存事業者との間で軋轢が生じる例が散見されるようになった。既存事業者は貸切バス事業や路線バスの高収益区間の収入で、路線バスの不採算区間の運行を維持していることが多く、ピンポイントでの路線参入に対し、届出制に緩和された不採算路線の廃止を検討する事業者も現れた。また相対的な収益性の低下は従業員の待遇も悪化させ、少子化で減少が続いていた大型二種免許取得者がさらに減少し、深刻なバス運転士不足の一因にもなっている。

タクシー業からコミュニティバスに参入し、2012年に自社路線を開業した日立自動車交通

特定・貸切バス業から乗合バスに参入し、2005年に空港連絡バスも開業したイーグルバス

　一方、1960年代から運行されてきた帰省バスやスキーバスの延長として、1990年代には大型テーマパークを目的地とするツアーが催行され始めた。規制緩和以降の2000年代には、テーマパークへの入園を伴わない都市間移動だけのツアーが登場した。これらは若年層を主なターゲットとして、安価な料金設定とインターネットを駆使した集客で急成長し、既存の高速バスの経営を圧迫し始めた。しかし大きな事故も契機のひとつとなり、2012年に新たな制度が施行され、厳格な管理基準と柔軟な運賃制度を盛り込んだ新乗合高速バスに一本化されている。

ツアーバス運行で実績をつくり、新乗合高速バス事業者となってバスタ新宿にも乗り入れたウィラー・エクスプレス

日本バス協会会員一覧

（乗合バス専業・兼業のみ掲載）※2021年7月1日現在

北海道

（株）じょうてつ	札幌市白石区東札幌1条1-1-8
北海道バス（株）	札幌市清田区真栄1条2-33-10
函館タクシー（株）	函館市日乃出町22-38
エイチ・ビー観光（株）	函館市高盛町10-1
函館バス（株）	函館市高盛町10-1
（有）大沼交通	亀田郡七飯町字大沼町278-6
北海道観光バス（株）	函館市上湯川町377-2
HKB（株）	函館市高松町130-107
北海道中央バス（株）	小樽市色内1-8-6
ニセコバス（株）	虻田郡ニセコ町字中央通56
（有）東ハイヤー	久遠郡せたな町 北檜山区北檜山78
道南バス（株）	室蘭市東町3-25-3
日交ハイヤー（株）	浦河郡浦河町大通2-28
あつまバス（株）	勇払郡厚真町字本郷229-1
北都交通（株）	札幌市中央区大通西6-10-11
（有）下段モータース	石狩郡当別町樺戸町1055-22
千歳相互観光バス（株）	千歳市里美2-1-5
富士交通（株）	恵庭市住吉町2-1-3
札幌第一観光バス（株）	札幌市豊平区 月寒東1条19-3-50
ジェイ・アール 北海道バス（株）	札幌市西区 二十四軒2条7-1-26
札幌ばんけい（株）	札幌市中央区盤渓475
夕張鉄道（株）	夕張市若菜2-19
（有）新篠津交通	石狩郡新篠津村第42線南19
道北バス（株）	旭川市近文町16-2698-1
旭川中央交通（株）	旭川市緑町14
（株）美唄自動車学校	美唄市字美唄1443-14
空知中央バス（株）	滝川市新町3-2-1
（有）誠和運輸	樺戸郡新十津川町字弥生3-15
空知交通（株）	芦別市北1条西1-2
ふらのバス（株）	富良野市住吉町1-1
てんてつバス（株）	留萌市船場町1-47
沿岸バス（株）	苫前郡羽幌町南3条2-2-2
旭川電気軌道（株）	旭川市3条通18-左3
北海道拓殖バス（株）	河東郡音更町 字然別北5線西37
十勝バス（株）	帯広市西23条北1-1-1
帯運観光（株）	帯広市西20条南1-14-26
阿寒バス（株）	釧路市愛国191-208
くしろバス（株）	釧路市文苑2-1-1
根室交通（株）	根室市光和町2-10-2
毎日交通（株）	帯広市川西町基線24-13
北海道北見バス（株）	北見市南町1-5-4
網走バス（株）	網走市南2条西1-15
北紋バス（株）	紋別市元紋別678
士別軌道（株）	士別市西2条6-1931
名士バス（株）	名寄市西4条南10-1-4
宗谷バス（株）	稚内市末広5-2-23
網走観光交通（株）	網走郡大空町東藻琴71-2
斜里バス（株）	斜里郡斜里町港町16-16

青森県

三八五交通（株）	八戸市城下4-19-15
八戸市交通部	八戸市大字新井田 字小久保頭4-1
十和田観光電鉄（株）	十和田市稲生町17-3
下北交通（株）	むつ市金曲1-8-12
（有）むつ車体工業	むつ市南赤川町10-25
弘南バス（株）	弘前市大字藤野2-3-6
中里交通（株）	北津軽郡中泊町 大字尾別字浅井98-2
青森観光バス（株）	青森市大字細越 字栄山589-2
マルイチ工業（株）	西津軽郡鰺ヶ沢町 大字赤石町字砂山139
（株）北日本中央観光バス	三戸郡階上町 大字道仏字耳ヶ吠8-1

（有）つばめ交通	上北郡六戸町 大字犬落瀬字千刈田 2-63	グリーン観光バス（株）	栗原市築館 字下宮野川北 21-1
青森市企業局交通部	青森市大字野内字菊川 47-1	（株）栗原観光タクシー	栗原市築館字照越松長根 51-5
（有）八洲交通	青森市大字滝沢字住吉 28-7	（株）タケヤ交通	柴田郡川崎町大字前川
（有）脇野沢交通	むつ市脇野沢桂沢 133-4		字中道南 3-4
西海観光（株）	西津軽郡鰺ヶ沢町大字舞戸町 字下富田 35-12	仙台バス（株）	岩沼市空港南 4-1-7
		愛子観光バス（株）	仙台市青葉区 上愛子字大岩 1-3

岩手県

東日本交通（株）	盛岡市山岸大字大平 17-2	（株）黄金バス	牡鹿郡女川町 浦宿浜字袖山6-3
（株）ヒノヤタクシー	盛岡市中央通 1-8-18		

福島県

岩手県交通（株）	盛岡市盛岡駅前通 3-55	福島県北交通（株）	伊達郡梁川町広瀬町 7
岩手県北自動車（株）	盛岡市厨川 1-17-18	（有）カネハチタクシー	福島市松川町 浅川字笠松 11-21
岩泉自動車運輸（株）	下閉伊郡岩泉町 岩泉字中家 12-1	福島交通（株）	福島市東浜町 7-8
（株）三河交通観光	久慈市中央 2-13	（株）桜交通	白河市合戦坂 15
（株）ヒカリ総合交通	久慈市小久慈 36-25-39	（有）メルシー観光	西白河郡中島村 大字中島字西前 49-1
三陸観光（株）	久慈市小久慈 35-35-1	会津乗合自動車（株）	会津若松市白虎町 195
（株）東和町総合サービス公社	花巻市東和町安食 6 区 122	会津交通（株）	会津若松市東栄町 1-83
大槌地域振興（株）	上閉伊郡大槌町 吉里吉里 3-516	協和交通（株）	本宮市高木字猫田 53-1
小川タクシー（株）	下閉伊郡岩泉町門字町 66-1	新常磐交通（株）	いわき市明治団地 4-1
東磐交通（株）	一関市千厩町 千厩字下駒場282-1	東北アクセス（株）	南相馬市原町区 深野字庚塚 346-1

秋田県

（株）住田交運	気仙郡住田町 世田米字日向 2-2	秋田中央交通（株）	秋田市川元山下町 6-12
共栄運輸（株）	胆沢郡金ケ崎町 大字西根字西檀原 4-1	秋田中央 トランスポート（株）	秋田市飯島字穀丁大谷地 1-6
田野畑交通（有）	下閉伊郡田野畑村奥地 33	羽後交通（株）	横手市前郷二番町 4-10
（有）碁石観光企画	大船渡市末崎町 字高清水8-10	光タクシー（株）	由利本荘市砂子下 48-1
		秋北バス（株）	大館市御成町 1-11-25

宮城県

仙台市交通局	仙台市青葉区木町通 1-4-15	秋北タクシー（株）	大館市御成町 1-11-25
仙南交通（株）	仙台市太白区中田 5-16-25	（資）象潟合同タクシー	にかほ市象潟町 字家の後 20-27
東日本急行（株）	仙台市泉区野村 字新馬場屋敷 14		

山形県

（株）ミヤコーバス	仙台市泉区泉ヶ丘 3-13-20	山交ハイヤー（株）	山形市桧町 2-6-1
宮城交通（株）	仙台市泉区泉ヶ丘 3-13-20	山交バス（株）	山形市清住町 1-1-20
ジェイアールバス東北（株）	仙台市宮城野区 榴岡 5-12-55	（有）ヨネザワバス観光	米沢市大字花沢字上ノ町 東六 415-3
（株）ジャパン交通	塩釜市新浜町 1-15-24	（株）新庄輸送サービス	新庄市千門町 2-15
（株）仙塩交通	多賀城市町前 2-2-5	庄内交通（株）	鶴岡市錦町 4-35
仙北富士交通（株）	遠田郡涌谷町 太田字古川 2-2	最上川交通（株）	最上郡戸沢村 大字古口字真柄 2891-2
新栄観光バス（株）	登米市豊里町中沼田 165-1	松山観光バス（株）	酒田市字山田 23-5

茨城県

関鉄観光バス（株）	土浦市真鍋 1・10・8
さくら自動車（株）	稲敷郡美浦村
	信太原 2869・1
晃進物流（株）	稲敷市伊佐部 2054
ブルーバス（株）	稲敷市阿波 1262・1
（有）ハトリ	稲敷市河内町
	羽子騎 3761・1
関東鉄道（株）	土浦市真鍋 1・10・8
大利根交通自動車（株）	龍ヶ崎市北方町 1954・1
（有）佐貫タクシー	龍ヶ崎市入地町 141-11
平成観光自動車（株）	龍ヶ崎市泉町 1258・1
（株）昭和観光自動車	古河市諸川 822・4
茨城交通（株）	水戸市袴塚 3・5・36
北浦交通（株）	行方市繁昌 370・2
（株）北浦商運	行方市小貫 2668・1
（株）池田交通	鹿嶋市大字志崎
	字北割原 63・6
マルハ交通（株）	行方市若海 597・3
（有）山方観光バス	常陸大宮市家和楽 299・1
（株）レイク	行方市麻生 3298・6
関鉄パープルバス（株）	下妻市下妻乙 1274
関鉄グリーンバス（株）	石岡市行里川 5・18
（有）ムツミ観光自動車	石岡市柿岡 2989・1
椎名観光バス（株）	日立市十王町
	大字友部東 2・5・3
（有）太陽タクシー	北茨城市関南町
	神岡下 2961

栃木県

関東自動車（株）	宇都宮市簗瀬 4・25・5
日光交通（株）	日光市相生町 8・1
東武バス日光（株）	日光市所野 1452
大越観光バス（株）	真岡市亀山 3・23・1
（株）小山中央観光バス	小山市雨ヶ谷 741・1
（株）ティ・エイチ・エス	栃木市藤岡町藤岡 2645
足利中央観光バス（株）	足利市五十部町 465・7
蔵の街観光バス（株）	栃木市大宮町 2745・2
富士観光バス（株）	栃木市野中町 464・1
TCB観光（株）	栃木市大森町 445・6
やしお観光バス（株）	那須塩原市三区町 528・11

群馬県

日本中央交通（株）	高崎市島野町 1332
上信ハイヤー（株）	高崎市江木町 118・2
（株）群馬バス	高崎市緑町 3・2・3
上信電鉄（株）	高崎市鶴見町 51
（有）雨沢ハイヤー	甘楽郡南牧村
	大字大日向 1085・4
（有）赤城タクシー	前橋市茂木町 38
永井運輸（株）	前橋市南町 3・21・8
日本中央バス（株）	前橋市下佐鳥町 455
（株）矢島タクシー	太田市岩瀬川町 541・1
館林観光バス（株）	館林市大手町 7・10
つじ観光バス（株）	館林市本町 3・4・20
桐生朝日自動車（株）	桐生市相生町 2・712
赤城観光自動車（株）	みどり市大間々町大間々 616
関越交通（株）	渋川市中村字中島 608・1
高山運輸倉庫（株）	吾妻郡高山村
	大字中山 5602
ローズクィーン交通（株）	吾妻郡東吾妻町
	大字川戸 1281
（株）老神観光バス	沼田市利根町老神 578
安中タクシー（株）	安中市安中 3・12・13
（株）ボルテックスアーク	安中市下磯部 987・1
群馬中央バス（株）	前橋市小屋原町 384・1

埼玉県

大和観光自動車（株）	さいたま市北区本郷町 130・2
東武バスウエスト（株）	さいたま市北区吉野町 2・212
（株）東埼玉観光バス	幸手市上吉羽 1064・4
マイスカイ交通（株）	三郷市早稲田 8・31・20
（株）グローバル交通	吉川市中島 3・63
メートー観光（株）	吉川市木売 2・9・7
朝日自動車（株）	越谷市袋山 1119
茨城急行自動車（株）	北葛飾郡松伏町
	大字築比地 28・1
（株）ジャパンタローズ	北葛飾郡松伏町松伏 136・1
細井自動車（株）	北葛飾郡杉戸町内田 3・16・6
さくら観光バス（株）	久喜市菖蒲町三箇 2470・1
島田観光バス（株）	久喜市小林 2909・2
イーグルバス（株）	川越市中原町 2・8・2
広栄交通バス（株）	坂戸市小沼 292・1
（株）平成エンタープライズ	志木市本町 5・2・26
（株）ライフバス	富士見市鶴瀬東 1・10・10
西武観光バス（株）	所沢市久米 546・1
西武バス（株）	所沢市久米 546・1
北斗交通（株）	熊谷市屋戸 58・2
川越観光自動車（株）	比企郡滑川町
	大字羽尾 3897・3
国際十王交通（株）	熊谷市大字新島 263・1

(株) 大堰観光バス	行田市須加 2972-2
(株) 協同バス	行田市佐間 1-20-36
ロイヤル交通 (株)	鴻巣市鴻巣 976-8
深谷観光バス (株)	深谷市西大沼 356
本庄観光 (株)	本庄市都島 155-1
花園観光バス (株)	深谷市武蔵野 2274-3
武蔵観光 (株)	秩父郡皆野町皆野 172

千葉県

あすか交通 (株)	千葉市美浜区幸町 2-19-46
ちばシティバス (株)	千葉市美浜区新港 32-12
千葉海浜交通 (株)	千葉市美浜区高浜 2-3-1
東洋バス (株)	千葉市花見川区幕張町 4-618
千葉シーサイドバス (株)	千葉市花見川区幕張町 4-619-23
平和交通 (株)	千葉市稲毛区宮野木町 577-1
千葉中央バス (株)	千葉市緑区鎌取町 273-4
阪東自動車 (株)	我孫子市東我孫子 2-36-22
ちばレインボーバス (株)	印西市船尾 1377
松戸新京成バス (株)	松戸市紙敷 96-36
京成トランジットバス (株)	市川市塩浜 2-17-4
京成バス (株)	市川市八幡 3-3-1
京成バスシステム (株)	船橋市栄町 1-10-10
船橋新京成バス (株)	鎌ヶ谷市鎌ヶ谷 1-8-2
東武バスイースト (株)	柏市高田 1345
東京ベイシティ交通 (株)	浦安市千鳥 12-5
九十九里鐵道 (株)	東金市田間 25
千葉内陸バス (株)	四街道市千代田 5-68
ちばグリーンバス (株)	佐倉市角来 1474-1
京成タクシー成田 (株)	成田市花崎町 750-1
千葉交通 (株)	成田市花崎町 750-1
成田空港交通 (株)	成田市駒井野字山の台 1368-22
ちばフラワーバス (株)	山武市津辺 47
小湊鐵道 (株)	市原市五井中央東 1-1-2
日東交通 (株)	木更津市新田 2-2-16

東京都

大島旅客自動車 (株)	大島町元町 1-9-6
三宅村	三宅村阿古 497
八丈町	八丈町大賀郷 2345-1
東京空港交通 (株)	中央区日本橋箱崎町 42-1
国際興業 (株)	中央区八重洲 2-10-3
(株) フジエクスプレス	港区芝浦 4-20-47
日の丸自動車興業 (株)	文京区後楽 1-1-8
東京バス (株)	北区滝野川 5-53-1
日立自動車交通 (株)	足立区綾瀬 6-11-22
東武バスセントラル (株)	足立区伊興本町 2-9-2
(株) 新日本観光自動車	足立区加賀 1-12-5
京成タウンバス (株)	葛飾区奥戸 2-6-10
ジェイアールバステック (株)	千代田区大手町 2-4-4
東北急行バス (株)	江東区東雲 2-6-6
WILLER EXPRESS (株)	東京都江東区新木場 1-18-13
(株) kmモビリティサービス	大田区大森南 4-5-1
(株) はとバス	大田区平和島 5-4-1
ジェイアールバス関東 (株)	渋谷区代々木 2-2-2
東日本旅客鉄道 (株)	渋谷区代々木 2-2-2
磐梯東都バス (株)	豊島区西池袋 5-13-13
(株) 東急トランセ	目黒区東山 3-8-1
東急バス (株)	目黒区東山 3-8-1
小田急シティバス (株)	世田谷区若林 2-39-4
小田急箱根高速バス (株)	世田谷区宮坂 3-1-60
東京都交通局	新宿区西新宿 2-8-1
関東バス (株)	中野区東中野 5-23-14
アルピコ交通東京 (株)	板橋区東坂下 2-17-7
小田急バス (株)	調布市仙川町 2-19-5
京浜急行バス (株)	港区高輪 2-20-20
京王バス (株)	府中市晴見町 2-22
京王電鉄バス (株)	府中市晴見町 2-22
京王バス小金井 (株)	府中市晴見町 2-22
武州交通興業 (株)	国分寺市西恋ヶ窪 1-45-19
立川バス (株)	立川市高松町 2-27-27
西東京バス (株)	八王子市明神町 3-1-7
(株) ジャムジャムエクスプレス	足立区西伊興 4-7-2
大新東 (株)	調布市調布ヶ丘 3-6-3
(株) リムジン・パッセンジャーサービス	東京都中央区日本橋箱崎 22-1

神奈川県

川崎市交通局	川崎市川崎区砂子 1-8-9
川崎鶴見臨港バス (株)	川崎市川崎区中瀬 3-21-6
ベイラインエクスプレス (株)	川崎市川崎区塩浜 2-10-1
(株) 東京湾横断道路サービス	川崎市川崎区宮本町 6-1

相鉄バス（株）	横浜市西区北幸 2-9-14	新潟交通佐渡（株）	佐渡市河原田諏訪町 80
横浜交通開発（株）	横浜市港北区	（株）サンライズカンパニー	新発田市佐々木 2621-1
	新横浜 3-18-16	越佐観光バス（株）	長岡市寺泊敦ヶ曽根 132-1
横浜市交通局	横浜市中区本町 6-50-10	ウエスト観光バス（株）	燕市米納津 5988-1
箱根登山バス（株）	小田原市東町 5-33-1	蒲原鉄道（株）	五泉市村松甲 1364
杉崎観光バス（株）	小田原市堀之内 71	泉観光バス（株）	五泉市赤海 873-1
（株）江ノ電バス	藤沢市片瀬海岸 1-8-16	（株）東蒲観光バス	東蒲原郡阿賀町津川 685-1
神奈川中央交通東（株）	藤沢市辻堂新町 3-4-2		

長野県

神奈川中央交通西（株）	平塚市田村 4-5-4	長電バス（株）	長野市村山 471-1
神奈川中央交通（株）	平塚市八重咲町 6-18	東信観光バス（株）	佐久市望月 1529-4
富士急湘南バス（株）	足柄上郡松田町	千曲バス（株）	佐久市大字野沢 20
	松田惣領 360	上田バス（株）	上田市蒼久保 1101-2

山梨県

山梨交通（株）	甲府市飯田 3-2-34	（有）シンリク観光	千曲市大字雨宮 663-5
富士急行（株）	富士吉田市	（有）信州観光バス	千曲市大字鋳物師屋 117-2
	新西原 5-2-1	草軽交通（株）	北佐久郡軽井沢町
富士急バス（株）	南都留郡富士河口湖町		軽井沢東 16-1
	小立 4837	アルピコ交通（株）	松本市井川城 2-1-1
笛吹観光自動車（株）	山梨市大野 1803-1	茅野バス観光（株）	茅野市宮川 4313-1
市民観光（株）	山梨市北 60-2	信南交通（株）	飯田市大通 2-208
（有）一宮交通	笛吹市一宮町田中 142-1	伊那バス（株）	伊那市西町 5208
（株）栄和交通	笛吹市春日居町別田 361-1	おんたけ交通（株）	木曽郡木曽町福島 2801

新潟県

越後交通（株）	長岡市千秋 2-2788-1	おんたけタクシー（株）	木曽郡木曽町福島 6168-7
糸魚川バス（株）	糸魚川市寺町 2-9-12	（株）関電アメニックス	大町市平 180-8
頸城自動車（株）	上越市石橋 2-12-52	（有）やまびこ	大町市大町温泉郷 1866
東頸バス（株）	上越市浦川原区	平成交通（有）	松本市大字内田
	顕聖寺 195-8		字竹原 3396-1
くびき野バス（株）	上越市栄町 6-5	クラウン交通（株）	上伊那郡飯島町
頸南バス（株）	妙高市栄町 3-3		飯島 120-12
柏崎交通（株）	柏崎市東本町 3-1-37	中央アルプス観光（株）	駒ヶ根市赤穂 759-489
小千谷観光バス（株）	小千谷市桜町 2215-6	南安タクシー（有）	安曇野市豊科 5951
頸北観光バス（株）	上越市柿崎区柿崎 6212-1	（有）白馬交通	北安曇郡白馬村
（株）魚沼中央			神城 7361-8
トランスポート	南魚沼市君沢 42-15	森宮交通（株）	下水内郡栄村北信 3475-1
南越後観光バス（株）	南魚沼市美佐島	（株）南木曽観光タクシー	木曽郡南木曽町
	字野田道 1603		吾妻 840-1
銀嶺タクシー（株）	南魚沼市六日町 1840	南信州広域タクシー（有）	飯田市上殿岡 717-4

富山県

やまとタクシー（株）	南魚沼市浦佐 1401-2	立山黒部貫光（株）	富山市桜町 1-1-36
フィールド観光（株）	新潟市江南区	富山地方鉄道（株）	富山市桜町 1-1-36
	横越上町 4-9-15	エムアール	
アイ・ケーアライアンス（株）	新潟市東区一日市 202	テクノサービス（株）	高岡市吉久 1-1-143
新潟交通観光バス（株）	新潟市東区寺山 3-7-1	加越能バス（株）	高岡市江尻字村中 1243-1
新潟交通（株）	新潟市中央区万代 1-6-1	イルカ交通（株）	高岡市二塚 418-1
		海王交通（株）	射水市本町 3-16-3

黒部モビリティサービス（株）	黒部市中新 484
（株）三島野観光	射水市二口 2303-2
チューリップ交通（株）	南砺市井波 1515

石川県

北鉄金沢バス（株）	金沢市割出町 556
北日本観光自動車（株）	金沢市佐奇森町ヲ 88-3
北鉄白山バス（株）	白山市安養寺町ニ 30
（株）中日本ツアーバス	金沢市御供田町ホ 171-2
北陸鉄道（株）	金沢市割出町 556
ののいちバス（株）	野々市市押野 2-311
北鉄加賀バス（株）	加賀市加茂町 335
日本海観光バス（株）	加賀市小菅波町 1-143
（株）丸一観光	七尾市矢田町 2-1
能登交通（株）	七尾市能登島 須曽町 40-76
北鉄能登バス（株）	七尾市津向町ト部 107-2
北鉄奥能登バス（株）	輪島市杉平町蝦夷穴 70
（有）能登金剛交通	羽咋郡志賀町 給分ニ 60-3
（株）高浜タクシー	羽咋郡志賀町 末吉相瀬 4-2
（株）田鶴浜交通	七尾市田鶴浜町カ部 11-1
（有）丹沢交通	小松市大島町ロ 120
京福リムジンバス（株）	加賀市伊切町い 40-1

福井県

光タクシー（有）	福井市照手 4-17-12
トマト観光（株）	坂井市丸岡町 長畝 75-17-1
永平寺観光（株）	吉田郡永平寺町 市荒川 16-13-1
福井交通（株）	福井市志比口 3-1-7
京福バス（株）	福井市日之出 5-3-30
ケイカン交通（株）	あわら市二面 34-4-8
勝山交通（株）	勝山市滝波町 4-101
大福交通（有）	勝山市下高島 12-1-1
大野観光自動車（株）	大野市中野 57-11-2
大野旅客自動車（有）	大野市弥生町 1-14
敦賀観光バス（株）	敦賀市白銀町 5-38
敦賀海陸運輸（株）	敦賀市桜町 2-10
いづみ観光バス（株）	越前市家久町 54-13-2
福井鉄道（株）	越前市北府 2-5-20
福鉄商事（株）	越前市北府 2-6-4
小松タクシー（有）	越前市小松 1-4-7
鯖江高速観光（株）	鯖江市上野田町 4-1-1

鯖江交通（株）	鯖江市田村町 3-4
ニュー交通観光（株）	丹生郡越前町 朝日 5-80-6
朝日自動車（株）	丹生郡越前町朝日 1-6-7
越前観光（株）	丹生郡越前町厨 49-1
三福タクシー（株）	小浜市千種 2-1-13
大和交通（株）	小浜市遠敷 8-502-12
あわら観光（株）	あわら市姫 5-17-20
レインボー観光自動車（株）	三方上中郡若狭町 気山 233-8

岐阜県

（株）日本タクシー	岐阜市鶴田町 3-7-1
（株）ドライビングサービス	岐阜市六条大溝 3-8-15
岐阜乗合自動車（株）	岐阜市九重町 4-20
（有）八幡観光バス	郡上市八幡町初納 69-7
（株）白鳥交通	郡上市白鳥町 中津屋 226-1
白山タクシー（資）	大野郡白川村 平瀬 303-44
岐阜羽島バス・タクシー（株）	羽島市舟橋町宮北 1 21
スイトトラベル（株）	大垣市旭町 3-11
濃飛乗合自動車（株）	高山市花里町 6-125
東濃鉄道（株）	多治見市栄町 1-38
東鉄タクシー（株）	多治見市田代町 1-65
コミタクモビリティサービス（株）	多治見市大原町 5-99-3
北恵那交通（株）	中津川市中津川 北野 842-334
平和コーポレーション（株）	瑞浪市和合町 2-216-2
（株）ごとう観光	恵那市大井町 2729-401
（株）サカガワ	中津川市坂下 397-1

静岡県

富士急シティバス（株）	沼津市東椎路 475
伊豆箱根バス（株）	三島市大場 300
東海自動車（株）	伊東市渚町 2-28
（株）東海バス	伊東市渚町 2-28
信興バス（株）	富士市五貫島 550
富士急静岡バス（株）	富士市厚原 771-1
しずてつジャストライン（株）	静岡市葵区宮前町 28
吉田観光（株）	榛原郡吉田町神戸 790-5
（株）大鉄アドバンス	島田市金谷東 2-1112-2
遠州鉄道（株）	浜松市中区旭町 12-1
（有）水窪タクシー	浜松市天竜区水窪町 奥領家 2955-1
浜松バス（株）	浜松市浜北区内野 2423-1

ジーネット（株）	掛川市梅橋 351-1
掛川バスサービス（株）	掛川市葛川字山崎 452-1
秋葉バスサービス（株）	周智郡森町森 2368-1

愛知県

豊鉄タクシー（株）	豊橋市下地町字北村 92-1
豊鉄ミデイ（株）	田原市神戸町後申 18-5
豊鉄バス（株）	豊橋市植田町字新津田 38
（株）オーワ	岡崎市北野町字西河原 58-1
東伸運輸（株）	安城市尾崎町堤下 11-1
フジキュー整備（株）	刈谷市宝町 4-2-1
大興タクシー（株）	刈谷市神田町 1-57
名鉄バス（株）	名古屋市中村区名駅 4-26-25
名阪近鉄バス（株）	名古屋市中村区名駅 3-21-7
ジェイアール東海バス（株）	名古屋市中川区小本 3-103
つばめ自動車（株）	名古屋市中区栄 1-21-17
名古屋市交通局	名古屋市中区三の丸 3-1-1
名古屋バス（株）	名古屋市北区新沼町 3
愛知つばめ交通（株）	みよし市莇生町川岸当 9-3
名鉄東部交通（株）	豊田市広久手町 2-28-1
豊栄交通（株）	豊田市深田町 1-126-1
知多乗合（株）	半田市住吉町 2-163-7
レスクル（株）	愛知郡東郷町清水 1-1-7
あおい交通（株）	小牧市新町 3-430

三重県

中日臨海バス（株）	四日市市海山道町 3-80
三岐鉄道（株）	四日市市富田 3-22-83
八風バス（株）	桑名市大字小貝須字新堀北 1604
三重交通（株）	津市中央 1-1
三重急行自動車（株）	松阪市大津町 795-3
三交伊勢志摩交通（株）	伊勢市神田久志本町 1500-1
（株）キタモリ	伊賀市古郡 546-1
（株）メイハン	名張市東田原 2175
深山運送（有）	名張市蔵持町原出 522-8
青木バス（株）	多気郡多気町色太 759-2
エス・パール交通（株）	多気郡大台町上三瀬 265-3
滝原西村ハイヤー（有）	度会郡大紀町滝原 1507-1
青木バス（株）	多気郡多気町色太 759-2

滋賀県

江若交通（株）	大津市真野 1-1-62
彦根観光バス（株）	彦根市稲里町 619-5
湖国バス（株）	彦根市駅東町 15-1
近江鉄道（株）	彦根市東町 15-1
帝産湖南交通（株）	草津市山寺町 188
永源寺タクシー（株）	東近江市山上町 3687
滋賀バス（株）	甲賀市水口町本綾野 1-1
（株）シガ・エージェントシステム	甲賀市土山町北土山 1601-2
（株）余呉バス	長浜市余呉町中之郷 1152-1

京都府

京阪バス（株）	京都市南区東九条南石田町 5
（株）ヤサカバス	京都市南区上鳥羽南塔ノ本町 22-1
京都観光バス（株）	京都市南区上鳥羽大物町 37
（株）ケイルック	京都市南区上鳥羽金仏 31-1
プリンセスライン（株）	京都市東山区今熊野日吉町 39-2
明星観光バス（株）	京都市山科区西野山中鳥井町 63-1
（株）ウイング	京田辺市普賢寺中島 3-34
京都京阪バス（株）	八幡市上奈良宮ノ東 2-5
京都市交通局	京都市右京区太秦下刑部町 12
京都バス（株）	京都市右京区嵯峨明星町 1-1
京阪京都交通（株）	亀岡市篠町篠向谷 10
京都交通（株）	舞鶴市字喜多 1048-27
丹後海陸交通（株）	与謝郡与謝野町字上山田 641-1

大阪府

阪急観光バス（株）	大阪市北区中津 7-7-19
北港観光バス（株）	大阪市旭区赤川 1-11-8
大阪シティバス（株）	大阪市西区九条南 1-12-62
（株）ATLINER	大阪市大正区南恩加島 5-7-41
アルピコ交通大阪（株）西日本	大阪市大正区北恩加島 1-7-17
ジェイアールバス（株）平成	大阪市此花区北港 1-3-23
コミュニティバス（株）	大阪市住之江区北加賀屋 5-4-52
大阪空港交通（株）	豊中市螢池西町 2-17-3
阪急バス（株）	豊中市岡上の町 1-1-16
ユタカ交通（株）	池田市住吉 2-1-24
高槻市交通部	高槻市芝生町 4-3-1
大阪バス近畿（株）	東大阪市稲田新町 2-5-1

大阪バス（株）	東大阪市高井田中 3-6-21	吉野大峯ケーブル自動車（株）	吉野郡吉野町丹治 207-1
近鉄バス（株）	東大阪市小阪 1-7-1		

和歌山県

金剛自動車（株）	富田林市本町 18-17	大十バス（株）	海草郡紀美野町下佐々 1037
（株）大阪さやま交通	大阪狭山市茱萸木 3-1381		
南海バス（株）	堺市堺区竜神橋町 1-2-11	有田交通（株）	和歌山市太田 105
岸和田観光バス（株）	岸和田市磯上町 4-281-3	和歌山バス（株）	和歌山市和歌浦西 1-8-1
水間鉄道（株）	貝塚市近木町 2-2	有田鉄道（株）	有田郡有田川町徳田 178
南海ウイングバス南部（株）	泉佐野市日根野 5619-2	龍神自動車（株）	田辺市あけぼの 37-20
関西空港交通（株）	泉佐野市りんくう往来北 2-12	熊野御坊南海バス（株）	新宮市徐福 2-1-11
		南海りんかんバス（株）	橋本市市脇 5-1-24
南海ウイングバス金岡（株）	堺市中区東山 803	中紀バス（株）	日高郡由良町里 480-3

兵庫県

本四海峡バス（株）	神戸市中央区海岸通 2-2-3	港タクシー（株）	日高郡日高川町大字和佐 1430-2
神戸フェリーバス（株）	神戸市中央区港島 9-1-213	明光バス（株）	西牟婁郡白浜町堅田 2396-12
神鉄バス（株）	神戸市北区有野町唐櫃字山町 1399-2	串本タクシー（株）	東牟婁郡串本町串本 1804
神姫ゾーンバス（株）	神戸市西区押部谷町栄 22-1	和歌山バス那賀（株）	紀の川市藤崎 271

鳥取県

神戸市交通局	神戸市兵庫区御崎町1-2-1	日本交通（株）	鳥取市雲山 210
山陽バス（株）	神戸市垂水区清水が丘 2-10-22	日ノ丸自動車（株）	鳥取市古海 620
		日ノ丸ハイヤー（株）	鳥取市古海 601-8
淡路交通（株）	洲本市宇山 1-4-39		

島根県

みなと観光バス（株）	南あわじ市志知南 9-1	隠岐観光（株）	隠岐郡西ノ島町大字浦郷 544-15
六甲山観光（株）	神戸市灘区六甲山町一ヶ谷 1-32	隠岐一畑交通（株）	隠岐郡隠岐の島町中町出雲結の上 2-1
神戸交通振興（株）	神戸市東灘区魚崎浜町 32-2	松江市交通局	松江市平成町 1751-21
みなと観光バス（株）	神戸市東灘区向洋町東 1-4	松江一畑交通（株）	松江市上東川津町 1238
阪神バス（株）	尼崎市大庄川田町 108-1	一畑バス（株）	松江市西川津町 1656-1
尼崎交通事業振興（株）	尼崎市東塚口町 2-4-37	（有）スサノオ観光	出雲市築山新町 3-10
伊丹市交通局	伊丹市広畑 3-1	出雲一畑交通（株）	出雲市常松町 353-3
全但バス（株）	養父市八鹿町八鹿 113-1	大和観光（株）	邑智郡美郷町都賀本郷 125-2
神姫バス（株）	姫路市西駅前町 1	石見交通（株）	益田市幸町 2-63
（株）ウエスト神姫	相生市竜泉町 394-1	六日市交通（有）	鹿足郡吉賀町立河内 125
神姫グリーンバス（株）	神崎郡神河町中村町字田西 39-1	（株）イワミツアー	浜田市下府町 327-47

奈良県

岡山県

生駒交通（株）	生駒市小明町 1835-1	中鉄バス（株）	岡山市北区中山下 2-8-55
エヌシーバス（株）	奈良市大宮町 1-1-25	中鉄北部バス（株）	津山市東一宮 1234-1
奈良交通（株）	奈良市大宮町 1-1-25	宇野自動車（株）	岡山市北区表町 2-3-18
		岡山電気軌道（株）	岡山市北区岡南町 1-14-41
		下津井電鉄（株）	岡山市北区大元駅前 3-61

両備ホールディングス（株）	岡山市北区錦町 6 - 1
八晃運輸（株）	岡山市中区平井 1097 - 18
（有）中田石油店	苫田郡鏡野町富東谷 434 - 1
有本観光バス（株）	久米郡美咲町錦織 1163
加茂観光バス（有）	津山市加茂町桑原 280
（株）井笠バスカンパニー	笠岡市美の浜 5
北振バス（株）	井原市井原町 700 - 1
備北バス（株）	高梁市川上町領家 381 - 1
（株）美作共同バス	美作市今岡 754 - 7

広島県

（株）井笠バスカンパニー福山	福山市多治米町 6 - 12 - 10
（株）中国バス	福山市多治米町 6 - 12 - 31
鞆鉄道（株）	福山市佐波町 197 - 1
本四バス開発（株）	尾道市東御所町 11 - 15
おのみちバス（株）	尾道市東尾道 18 - 1
因の島運輸（株）	尾道市因島土生町 2201
さんようバス（株）	豊田郡大崎上島町 東野 4034 - 1
備北交通（株）	庄原市東本町 3 - 11 - 16
（有）君田交通	三次市君田町 東入君 682 - 1
十番交通（有）	三次市吉舎町吉舎 401 - 2
西城交通（有）	庄原市西城町大佐 537 - 1
広島バス（株）	広島市中区光南 6 - 1 - 68
広島電鉄（株）	広島市中区 東千田町 2 - 9 - 29
（株）フォーブル	広島市安佐南区 相生 2 - 5 - 18
（有）豊平交通	山県郡北広島町 戸谷 1123 - 4
（有）八重タクシー	山県郡北広島町蔵迫 14
壬生交通（株）	山県郡北広島町 壬生 452 - 26
（有）大朝交通	山県郡北広島町大朝 2487
（有）総合企画コーポレーション	山県郡北広島町 川小田 315 - 1
加計交通（株）	山県郡安芸太田町 大字加計 3506 - 1
三段峡交通（株）	山県郡安芸太田町 大字戸河内町 970 - 3
中国ジェイアールバス（株）	広島市南区京橋町 2 - 24
エイチ・ディー西広島（株）	広島市西区己斐上 5 - 56 - 6
広島交通（株）	広島市西区三篠町 3 - 14 - 17
広交観光（株）	広島市西区三篠町 3 - 14 - 17

（有）エンゼルキャブ	広島市南区 東雲本町 2 - 15 - 9
富士交通（株）	呉市阿賀北 7 - 13 - 6
（有）なべタクシー	呉市警固屋 4 - 5 - 13
呉交通（株）	呉市東中央 1 - 2 - 9
朝日交通（株）	呉市朝日町 5 - 10
ひまわり交通（株）	呉市下蒲刈町 字御坊迫 2083
瀬戸内産交（株）	呉市蒲刈町田戸 2494 - 12
（有）東和交通	呉市海岸 1 - 7 - 8
（有）倉橋交通	呉市倉橋町 1210 - 6
江田島バス（株）	江田島市大柿町飛渡瀬 80 - 1
（有）野呂山タクシー	呉市川尻町西 2 - 18 - 19
廿日市交通（株）	廿日市市木材港南 6 - 41
（有）津田交通	廿日市市津田 4771
（株）ささき観光	広島市佐伯区 湯来町伏谷 125 - 1
芸陽バス（株）	東広島市西条西本町 21 - 39
佐伯交通（株）	廿日市市永原 1237 - 1
（有）大竹タクシー	大竹市西栄 1 - 20 - 16
（有）大竹交通	大竹市油見 3 - 10 - 8
（有）豊栄交通	東広島市豊栄町清武 20 - 4

山口県

いわくにバス（株）	岩国市日の出町 3 - 10
防長交通（株）	周南市松保町 7 - 9
サンデン交通（株）	下関市羽山町 3 - 3
船木鉄道（株）	宇部市大字船木 980
宇部市交通局	宇部市大字善和 203 - 90
ブルーライン交通（株）	下関市豊北町大字神田 1411

徳島県

徳島バス（株）	徳島市出来島本町 1 - 25
徳島市交通局	徳島市万代町 7 - 1 - 1
（株）三野交通	三好市三野町 大字太刀野 344
徳島バス南部（株）	那賀郡那賀町 吉野字川口 18 - 10
徳島バス阿南（株）	阿南市橘町幸野 85
海部観光（株）	阿南市内原町宮国 31 - 1
四国交通（株）	三好市井川町西井川 31 - 1

香川県

ジェイアール四国バス（株）	高松市浜ノ町 8 - 33
ことでんバス（株）	高松市朝日町 4 - 1 - 63
鬼ヶ島観光自動車（株）	高松市女木町 15 - 22
マルイ観光バス（株）	高松市香南町池内 847 - 1

（有）綾南交通	綾歌郡綾川町滝宮 548-6
小豆島オリーブバス（株）	小豆郡土庄町甲 5165-201
四国高速バス（株）	高松市郷東町 176
琴参バス（株）	丸亀市土器町北 2-77
琴平バス（株）	仲多度郡琴平町 1228-1
西讃観光（株）	観音寺市植田町 50-1
高松エクスプレス（株）	高松市国分寺町新名 50-2
（有）琴空バス	仲多度郡まんのう町佐文 854-5
大川自動車（株）	さぬき市長尾西 1061

愛媛県

伊予鉄バス（株）	松山市室町 1-2-43
瀬戸内運輸（株）	今治市東門町 1-2-1
（株）瀬戸内しまなみリーディング	今治市東鳥生町 5-15
瀬戸内海交通（株）	今治市大三島町宮浦 5709
伊予鉄南予バス（株）	八幡浜市江戸岡 1-9-2
野村ツーリスト（有）	西予市野村町野村 12-671
宇和島自動車（株）	宇和島市錦町 3-22
せとうち周桑バス（株）	西条市小松町新屋敷甲 1148
いずみ観光（株）	今治市上徳乙 216-4

高知県

とさでん交通（株）	高知市桟橋通 4-12-7
（株）高知駅前観光	高知市桟橋通 5-1-57
土佐市観光（有）	土佐市高岡町乙 2670-1
（株）県交北部交通	高知市鏡今井 24
（有）嶺北観光自動車	土佐郡土佐町田井 1491-1
高知東部交通（株）	安芸市千歳町 15-26
高知高陵交通（株）	須崎市新町 2-130
（株）四万十交通	高岡郡四万十町琴平町 16-28
高知西南交通（株）	四万十市佐岡 434-1
（有）黒岩観光	高岡郡佐川町黒原 3151

福岡県

西鉄バス北九州（株）	北九州市小倉北区砂津 1-1-2
北九州市交通局	北九州市若松区東小石町 3-1
西鉄バス宗像	宗像市陵厳寺 4-7-1
西日本鉄道（株）	福岡市博多区博多駅前 3-5-7
（株）ロイヤルバス	福岡市博多区月隈 20-12-307
九州急行バス（株）	福岡市博多区博多駅南 4-7-2
JR九州バス（株）	福岡市博多区堅粕 2-22-2
西鉄バス二日市（株）	大野城市大字牛頸 2473-12
西鉄バス筑豊（株）	飯塚市片島 2-19-1
（株）筑豊観光	宮若市宮永 7-1
西鉄バス久留米（株）	久留米市東町 40-13
堀川バス（株）	八女市大字本町 1-302-1
西鉄バス大牟田（株）	大牟田市白金町 63

佐賀県

ロイヤル観光（株）	佐賀市大和町大字東山田 2068-1
西鉄バス佐賀（株）	佐賀市駅前中央 3-3-10
佐賀市交通局	佐賀市愛敬町 4-23
（株）鳥栖構内タクシー	鳥栖市轟木町 1836
（有）ジョイックス交通	神埼市千代田町迎島 547-8
昭和自動車（株）	唐津市千代田町 2565-5
（有）上峰タクシー	三養基郡上峰町大字坊所 3015-2
（有）橋間自動車	小城市牛津町牛津 66
祐徳自動車（株）	鹿島市大字高津原 4078

長崎県

壱岐交通（株）	壱岐市郷ノ浦町東触 575-2
対馬交通（株）	対馬市厳原町小浦 144-7
長崎県交通局	長崎市八丁代町 3-1
長崎自動車（株）	長崎市新地町 3-17
（有）富川運送	長崎市高島町 2709
長崎バス観光（株）	長崎市滑石 4-6-33
五島自動車（株）	五島市栄町 1-4
丸濱産業（有）	五島市奈留町浦 407-2
長崎県央バス（株）	諫早市貝津町 1492-1
島原鉄道（株）	島原市下川尻町 72-76
西肥自動車（株）	佐世保市白南風町 9-2 プラザシルバービル
させぼバス（株）	佐世保市白南風町 7-38
さいかい交通（株）	西海市大瀬戸町瀬戸板浦郷 920-10
小値賀交通（株）	北松浦郡小値賀町前方郷 4150
宇久観光バス（株）	佐世保市宇久町平 3104-48
生月自動車（有）	平戸市生月町里免 657-3

熊本県

九州産交バス（株）	熊本市西区上代 4-13-34
産交バス（株）	熊本市西区上代 4-13-34
熊本都市バス（株）	熊本市中央区本山 2-9-32
熊本電気鉄道（株）	熊本市中央区黒髪 3-7-29
（株）麻生交通	上益城郡御船町大字御船 944
熊本バス（株）	熊本市東区画図町重富 600
（有）川端運送	天草市新和町小宮地 4730-1
（有）神園交通	八代市松江本町 5-39

大分県

大分バス（株）	大分市金池町 2 - 12 - 1
大分交通（株）	大分市大字勢家字 芦崎 1103 - 3
大交北部バス（株）	大分市大字勢家字 芦崎 1103 - 3
国東観光バス（株）	大分市大字勢家字 芦崎 1103 - 3
玖珠観光バス（株）	大分市大字勢家字 芦崎 1103 - 3
亀の井バス（株）	別府市大字鶴見 3825 - 1
臼津交通（株）	臼杵市大字市浜 674 - 3
日田バス（株）	日田市本町 8 - 18
大野竹田バス（株）	豊後大野市三重町 赤嶺 2571 - 8

宮崎県

宮崎交通（株）	宮崎市橘通西 3 - 10 - 32
ハッコートラベル（株）	日向市日知屋塩田 16284 - 1
（有）高崎観光バス	都城市高崎町縄瀬 3549 - 40

鹿児島県

南国交通（株）	鹿児島市中央町 18 - 1
鹿児島市交通局	鹿児島市新栄町 22 - 28
鹿児島交通（株）	鹿児島市鴨池新町 12 - 12
鹿児島交通観光バス（株）	鹿児島市鴨池新町 12 - 12
いわさきコーポレーション（株）	鹿児島市鴨池新町 12 - 12
南九州観光バス（有）	鹿児島市中山町 1042 - 1
（株）南九州あづま交通	南九州市頴娃町牧之内 2919
（有）大和	熊毛郡南種子町 中之上 2183
まつばんだ交通バス（株）	熊毛郡屋久島町 小瀬田 815 - 23
徳之島総合陸運（株）	大島郡徳之島町亀津 7497
沖永良部バス企業団	大島郡知名町知名 463
南陸運（株）	大島郡与論町茶花 1581 - 2
（株）二川交通	肝属郡南大隅町 根占川南 3108
（有）佐多交通	肝属郡南大隅町 佐多伊座敷 3990
（株）しまバス	奄美市名瀬伊津部町 9 - 23
（株）奄美航空	奄美市名瀬入舟町 8 - 21
南部交通（株）	大島郡瀬戸内町 古仁屋 4 - 5
加計呂麻バス（有）	大島郡瀬戸内町瀬相 743 - 1
（株）宮都タクシー	薩摩郡さつま町旭町 10 - 7

伊佐交通観光（株）	伊佐市大口宮人 502 - 146
（有）あいら交通	姶良市東餅田 1018 - 7

沖縄県

沖縄バス（株）	那覇市泉崎 1 - 10 - 16
那覇バス（株）	那覇市泉崎 1 - 10 - 16
（株）琉球バス交通	豊見城市字翁長 811
（有）カリー観光	豊見城市伊良波 146 - 1
（有）美ら島	糸満市北波平 240 - 1
東陽バス（株）	南城市佐敷字新里 545
（株）北部観光バス	名護市字宇茂佐 1533
伊江島観光バス（株）	国頭郡伊江村川平 478 - 9
（株）八千代バス・タクシー	宮古島市平良 東仲宗根 394
（資）宮古協栄バス	宮古島市平良字西里 712 - 1
（資）共和バス	宮古島市伊良部 字長浜 1587
東運輸（株）	石垣市美崎町 3
（株）コハマ交通	八重山郡竹富町 小浜 3209 - 1
西表島交通（株）	八重山郡竹富町 南風見 201

第 ③ 章

乗りバスを知る

まずはバス事業者の
ホームページを確認

　筆者が本格的に乗りバスを始めた1980年代は、当然ながらインターネットは存在しなかった。また乗り鉄ファンの多くが愛読していた『JTB時刻表』や『大時刻表』（弘済出版社発行、現在の『JR時刻表』の前身）でも、バスは巻末の会社線ページにごく一部が掲載されているにすぎなかった。そこで、路線バスを乗り継ぐ旅を計画するときは、バス事業者に電話をして尋ねるか、各社が地元の乗客のために配布または販売している時刻表を郵送してもらうしかなかったのである。しかし現在は、バス事業者の多くが自社のホームページを持っている。乗りバスのプランニングには、まず各社のホームページを確認することが必要である。

　たとえば、伊豆箱根鉄道の修善寺駅から伊豆急行の伊豆急下田駅まで、路線バスの旅をするとしよう。まず、何というバス会社のページを見るべきかを探る方法のひとつが、出発地とバス、つまり「修善寺　バス」と入れて検索することである。すると上位に「東海バス」「伊豆箱根バス」の2社が並び、この2社のページを確認することで、東海バス中伊豆線の時刻にたどりつける。この方法の良いところは、本来乗るべきバス以外の事業者やコミュニティバスも発見することができ、そうした周辺情報によって旅の選択肢を広

スマホで「修善寺　バス」と検索。東海バスと伊豆箱根バスの社名が上位に表示される

げることもできる点である。

　もうひとつが都道府県のバス協会、この場合は静岡県バス協会の会員一覧ページを開くことである。このなかで伊豆半島に本社を持つ乗合バス事業者は東海バスグループだけなので、リンクによって東海バスのページを開き、中伊豆線の時刻にたどりつくことできる。この方法の良いところは、営業エリアが入り組んでいるときなどに全事業者が把握できること、バス協会によっては県内全域のバス路線図を掲載している場合もあり、広域の地図情報が入手できることなどである。

　とはいえ、バス事業者は長年一国一城で、沿線住民を第一に営業を行ってきたので、ホームページの体裁も、実際のバスの運行面についても、各社各様なのが現状である。一見の観光客には非常にわかりづらく、それが路線バスの旅を敬遠させる大きな要因になっている。そこで本章ではそのバリエーションについて列挙したうえで、乗りバスの計画と実践のうえでの注意点を紹介していきたい。

同じくスマホで「静岡県バス協会」のページを開き、「会員一覧」をチェックしてみる

「秋田県バス協会」のページには、全県のバス路線図と主要都市の市街地路線図を掲載

路線図ではバス停の
位置関係に注意

決められたレールの上を走る列車と異なり、バスがどの道路を走るのかを把握することは難しい。大きな手がかりがバス事業者のホームページだが、残念ながら時刻表だけで、路線図を掲載していないページも少なくない。その場合は時刻表上のバス停名と、一般の地図サイトや市販のロードマップなどの集落名・施設名などを対照させながら、おおよその経路を推測するのがベターな方法となる。

路線図を掲載していても、その形態はさまざまなので、形態によっては注意を要するものがある。たとえば、見やすさへの配慮から、適度な縦横比に

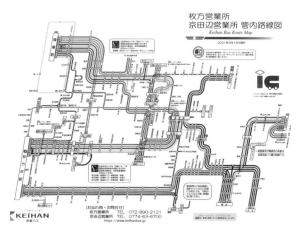

路線図をデザイン化している場合、東西南北の方向や隣り合うバス停間の距離を読み取ることはできない。また、地元利用者が使いやすいように、営業所ごと、エリアごとに掲載している場合、隣のエリアとの位置関係が不明で、双方に乗り入れている路線が一方にしか掲載されていないこともある。これらもやはり、一般の地図サイトや市販のロードマップと照合したり、複数のエリアの路線図を比較した

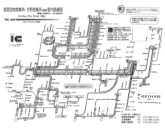

京阪バスは営業所ごとにデザイン化した路線図を掲載。運行系統が色分けされて見やすいものの、方位や他の営業所の路線との関係がわからない

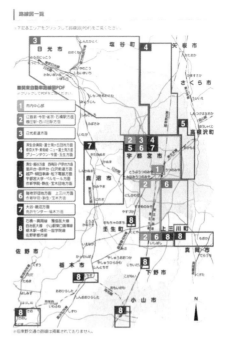

関東自動車の路線図は、全体図からエリアを選び、各エリアの地図に落とした系統図を見る方式。方位もエリア同士のつながりもわかりやすい

りしなければならない。地図上に落とし込んである路線図でも、運行系統が記されていない場合、その区間をどの系統が走るのかがわからない。さらに言えば、各事業者の路線図は自社路線だけを掲載していることが普通なので、複数の事業者が乗り入れているエリアでは他社のページを確認することも忘れてはならない。

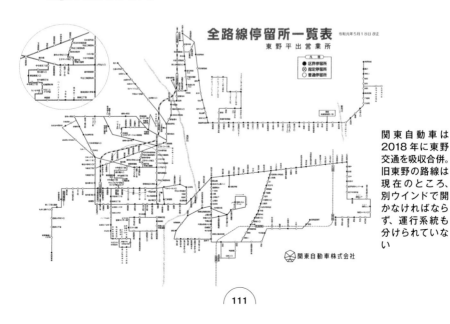

関東自動車は2018年に東野交通を吸収合併。旧東野の路線は現在のところ、別ウインドで開かなければならず、運行系統も分けられていない

時刻表では
記号と色分けが大切

　旅のプランに合う経路と行き先のバス路線が見つかったら、次にとりかかるのがタイムテーブルの作成である。近年は乗車地と降車地を入れると、該当する便の時刻がいくつか表示される、着発検索・経路検索機能がついたページが増えつつあるが、地方の事業者のページではまだ、エリアごとや路線ごとに時刻表のPDFを掲載している例も少なくない。そうした時刻表では、便ごとに異なる経由地や運行日、快速・急行運転などの情報が略字や記号、色分け、そして欄外の注記で説明されているので、これを見逃さないよう十分に注意しなければならない。

時刻表のPDFを掲載している越後交通。長岡駅から栃尾に行くバスは、西口発と東口発が別のページにあり、それぞれに急行といくつもの系統がある。記号と注記を丁寧に確認しなければならい

地方都市のバスに多いのが、休校日運休である。これは通学に利用している乗客が多い路線で、沿線の学校の休校日には運休となるもので、たとえば夏休み期間には平日でも走らないので注意が必要である。北国の冬休みは長いので、その休校期間も念頭に置かなければならない。また病院やショッピングモールの営業時間だけ、そこを経由するダイヤもよく見られる。こちらも病院等の場合には、休診日には運休になることもある。列車が着く時刻だけ駅に入るとか、フェリーが出る時刻だけ港に寄るとか、通勤通学時間帯だけ急行便が走るとか、利用者のニーズに合わせたきめ細かなダイヤが路線バスの特性であり、それらを見逃してタイムテーブルをつくってしまうと、現地で途方に暮れることになりかねない。

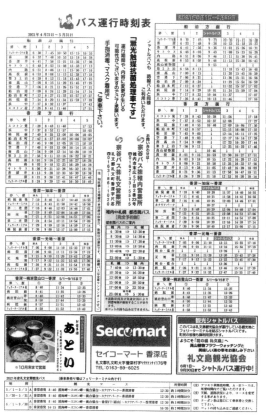

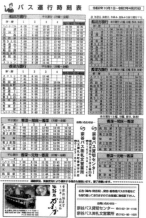

北国のバスは夏季と冬季でダイヤが異なることが多い。宗谷バスの礼文島内路線の時刻表は夏季用と冬季用に分けて掲載されている

Point 049 バスの所要時間は朝昼晩で変わる?

　専用のレール上を走る鉄道とは異なり、バスは一般車両に交じって公道を走るため、走行環境の影響による遅れが生じやすい。この「時間どおりに来ない」というイメージが、路線バスを敬遠させる理由のひとつになっている。しかしバス事業者はこれを解決する努力をしており、近年はコンピュータを利用するなどして、曜日や時間帯ごとの所要時間を加味したダイヤを作成する例が増えつつある。

　たとえば市街地路線では、通勤のマイカーや納品の商用車で道路が混雑する時間帯の所要時間をあらかじめ長くとっている。このため発車時刻は毎時不揃いで覚えにくいものの、バスはほぼ時刻表どおりにやってくる。また大都市のターミナルに向かう高速バスでは、下り便より上り便、昼間より朝夕の所要時間を長くとっている。このため乗車方向と時間帯によって所要時間が少し異なる。旅のプランニングではこれらを踏まえ、実際に乗車する便の時刻を調べる必要がある。

　一方、私鉄駅と住宅地を結ぶバスや地方の JR 駅と集落を結ぶローカルバスなどは、渋滞による遅れが生じにくい。このため曜日や乗車時間帯にかかわらず、同じ所要時間のダイヤを組んでいることが多い。毎時 00・20・40 分の急行電車や等間隔の特急列車に接続する、きれいなネットダイヤになっていることもある。

長岡〜新潟間の高速バス。長岡駅 6:00 発と 6:20 発は所要1時間27分だが、7:00 発と 7:20 発は1時間35分かかる

050

終点だけに潜む
"捨て時分"とは?

コンピュータを使ったダイヤの都市バスも、普段は道路渋滞とは無縁のローカルバスも、天候や事故やイベントなど、予期せぬ理由で遅れることはある。しかし、たとえこの先で遅れそうだからといって、手前のバス停を定刻より早く通過してしまうことは許されない。そこで、あらかじめダイヤに余裕時間をとっておき、終点に着くときに遅れを吸収できるようにしたものが"捨て時分"である。

たとえば、Aバス停の次が終点のB駅という路線で、この間の実質所要時間が1分という場合、ダイヤではB駅→Aバス停を1分、Aバス停→B駅を6分としておく。するとB駅行きのバスは途中で5分遅れても、終点のB駅には定刻どおり到着できるので、途中バス停を早発するほど急ぐ必要がなくなる。途中バス停をずっと定刻で通過していると、終点のB駅には定刻より5分早着することになるのである。

この"捨て時分"は、すべてのバス路線に設定されているわけではない。路線を取り巻く環境、労使間での話し合い（ハンドル時間にかかわるので）などによって決められている。全バス停の時刻が掲載されているページ、着発検索機能があるページなら、"捨て時分"の有無を確認できるだろう。バスが予定より数分早く駅に着き、乗れないはずの電車に乗れるようなことが起こり得るのである。

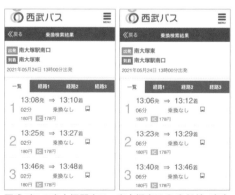

西武バスの南大塚駅南口→南大塚東は2分だが、南大塚東→南大塚駅南口は6分かかる。両方向とも同じ道を走るので、4分の"捨て時分"が設定されている

近年は増えつつある
着発検索機能

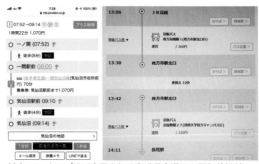

（左）スマホアプリで表示される岩手県交通の一関気仙沼線
（右）京阪バスの検索機能には乗り継ぎも含まれている

　ある場所へ一番早く行ける方法、一番安く行ける方法を的確にアドバイスすることは、筆者のような時刻表ファンにとって自慢のスキルだった。しかし現代ではスマホの着発検索アプリ等で、誰でも瞬時に知ることができるようになった。　また当初は鉄道や飛行機だけしか表示されなかったが、バス事業者も自社のダイヤをアプリ会社に提供するようになり、ほとんどの高速バス、そして一部の一般路線バスを含めたルート検索ができるようになったのは便利なことである。

　バス事業者のページでも、近年は着発検索ができるようになりつつある。ただし、操作手順や表記方法はさまざまである。操作手順については、バス停名を入れるだけのもの、施設名を入れて最寄りバス停を探せるもの、路線図や地図からバス停を探せるものなどがある。表記方法については、現在時刻以降の何本かがわかるもの、その区間の終日全便がわかるもの、2つ以上の系統を乗り継いで行く方法もわかるものなどがある。　いずれにしても、バスは曜日や時間帯でダイヤが異なることが多いので、実際の乗車日時を正確に入力しなければならない。

　またバス事業者特有の機能として、バスの現在地情報がある。　この機能があると、いま乗ろうとしているバスが定刻なのか、遅れているのかがわかり、バスが近づいてからバス停に行けるので、雨や雪の日などはとても便利である。

052 乗り継ぎ時分は
何分とればいい?

　バスのダイヤの精度が上がったとはいえ、遅れの可能性があることに変わりはない。「青春18きっぷ」ユーザーのように、2〜3分後に発車する列車を乗り継いでいく旅はオススメできない。だからといって、乗り継ぐごとに1時間も余裕を見ていては、行きたいところに行けなくなってしまう。バスの乗り継ぎ時間は何分ぐらいとればよいのか。筆者の40年にわたる経験から、目安時間を紹介したい。

　まず、市街地路線などの短距離系統から乗り継ぐときは10分後以降の便にしている。乗り換えを含めた着発検索機能では、1分後の便が表示されたりするが、念のためもう1本後の便も調べておき、仮にそちらに乗っても、行程上どこかの滞在時間を短縮することで、吸収できるプランを作成している。長距離系統から乗り継ぐとき、一日数本のバスに乗り継ぐときは、15分以上はとりたいところ。ただし、ローカルバスの本線と支線、都市側区間と郡部側区間のように、接続が約束されている場合は、遅れても待っていてくれるので、1分後の発車でも乗り継げる。

　近距離高速バスからは30分、夜行便などの長距離高速バスからは1時間の乗り継ぎ時間をとれば、事故などで1区間を一般道に迂回運行しても間に合うことが多い。定刻に着いた場合に見学や喫茶が楽しめる場所も、併せて探しておきたい。

第3章　乗りバスを知る

（上）近距離高速バスから一般路線への
乗り換えには30分の余裕がほしい
（下）地方の本線と支線、都市側区間と
郡部側区間は接続している場合も

実は少数派の
前乗り・先払い方式

　バスの時刻を検索して乗りバスのスケジュールを作成したら、いよいよ現地に出かけてバスに乗り込むことになる。ところが、バス停の形やバス待ちのスタイル、乗降方式に至るまで、一国一城ゆえのご当地ルールが存在するのがバスである。それを知らずに恥ずかしい思いをした人も、多いのではないだろうか。

　たとえば、都区内に住む人にはあたりまえの乗降方式、前扉から乗って均一運賃を支払い、中扉から降車するという形は、全国的に見ると非常に少ない。都区内と川崎市内、横浜市内、名古屋市営バス、地方都市の短距離路線、コミュニティバスぐらいである。また、こうした均一運賃・先払いのエリアでも、都区内から川崎市内へ、川崎市内から横浜市内へ、境界をまたぐ場合には運賃が何十円か高くなるので、乗車するとき運転士に自分の行先を告げ、運転士がその運賃に設定してから運賃箱に運賃を投入する、申告制・先払い方式がとられている。

　全国の一般路線バスの大多数は、多区間運賃・後払いである。中扉または後扉から乗って整理券をとり、降車時に前方の運賃表に表示された自分の整理券番号の運賃を支払い、前扉から下車するという形である。近年は

全国的に最も多いのは中乗り・前降り方式。阪急バスは前扉に進入禁止のマークがある

那覇バスの市内線は均一運賃・先払い方式。バスのカラーが他路線と違うので識別は容易

磁気カード・ICカードを使用できる事業者が増えたので、乗車時と降車時の動作がカードを通す、タッチするに変わっている。京都・大阪・神戸の市営バスは、均一運賃の系統でも中乗り・前降り・後払いである。これはバスと地下鉄の乗継割引があり、カード導入以前は降車時に運転士から乗継券をもらう必要があったことが理由である。

（上）市内線以外の那覇バスは多区間運賃だが、乗降方式は沖縄県で一般的な前乗り・前降りだ（下）住宅地行きと駅行きで乗降方式が異なる本良交通の学園前駅発着路線。3扉車の中扉には「出入口」の表示がある

　前扉仕様のバスでワンマン化を行った事業者などにいまも残っているのが、前乗り・前降り・後払いである。北海道の斜里バス、名士バス、沿岸バス、東北地方のJRバス東北、下北交通、十和田観光電鉄、羽後交通、会津乗合自動車、関東・東海地方のJRバス関東（一部の県内）、箱根登山バス、伊豆箱根バス、東海自動車、濃飛乗合自動車、沖縄県の各事業者などがこの方式をとっている。たとえ中扉つきのバスが来ても、車椅子利用者などを除き、中扉からは乗降できないので注意したい。

　ただし、それぞれのエリアに例外があるのでややこしい。たとえば、名古屋市営バスは名鉄バスとバス停を共用している基幹バス2系統だけ中乗り・後払いである。京都市営バスは観光客で混雑する洛バス100号系統だけ前乗り・先払いである。那覇バスは均一運賃の那覇市内線だけ前乗り・先払いである。また奈良交通の生駒駅や学園前駅などに発着する系統は、駅前停車時間を短縮するため、駅→住宅地方向が中乗り・後払い、住宅地→駅方向が申告制・先払いとなっている。

車内で使える硬貨と紙幣

多区間運賃・後払いのバスで、タクシーメーターのように上がっていく前方の運賃表を見ながら、ハラハラした経験がある人がいるのではないだろうか。鉄道の駅の券売機の多くが高額紙幣対応になって久しいが、一般路線バスの運賃箱で高額紙幣に対応しているものはごく一部にすぎない。一万円札、五千円札、二千円札は使用できないと考え、千円札と硬貨を用意しておきたい。また、一円玉、五円玉が使用できない機種もある。一円玉や五円玉を交ぜて運賃を支払う際は、ひと言、運転士に断ってから、運賃箱に投入するようにしたほうがよいだろう。

多区間運賃のバスではおつりが出ないので、両替して運賃を支払う。一円玉や一万円札の使用時には運転士に確認を

　回数券やバスカード、一日乗車券などを車内で購入する際も、千円札と硬貨を用意することをオススメする。運転士が手売りしている場合、高額紙幣用のおつりを用意していたり、それまでの売上でおつりを出してもらえたりすることもあるが、高額紙幣が使える保証はないものと考えてもらいたい。またICカードに車内でチャージする際も、千円札しか使用できない事業者がほとんどである。

　高速バスや深夜急行バスなど運賃額が高い路線の車両には、高額紙幣対応の運賃箱を搭載しているものがある。また乗車券や領収書が発行されるものもある。ただし、近距離の路線や予約制の路線では、高額紙幣は使えないことのほうが多い。

055 回数券から
プリペイドカードへ

　筆者が本格的に乗りバスを始めた1980年代、地方のバス事業者でよく回数券を購入していた。回数券は販売額プラス1割程度の金券がセットになっていて、おトクだし、残った表紙が旅の思い出になるからである。回数券には定額式と組み合わせ式がある。定額式はいつも同じ区間に乗車する人のためのもので、たとえば180円券の11枚つづりが1,800円で販売されている。組み合わせ式はいろいろな区間に乗車する人のためのもので、たとえば200円券・100円券・50円券・10円券を組み合わせた2,200円分が2,000円で販売されている。自分の乗車区間の運賃を考え、頭を使って使用しないと、最後に10円券が大量に残ったりすることになる。

　1990年代になると、回数券に代わって磁気式のプリペイドカードが普及した。1社だけでなく、あるエリアのバスに共通して使用できるものが増え、使い勝手が良くなった。首都圏では1都3県のバスに乗れるカードが販売されていた。こちらも販売額プラスαの金額分使用できるほか、昼間時間帯など使用時間に制限をつけてプレミア分を上乗せしたカードも販売されている。特別な絵柄の限定カードなどもあり、ご当地カラーが楽しいのでよく購入した。しかし、ICカードの普及とともに販売が打ち切られ、現在は全国で30種類あまりまで減少している。

国際興業の1,000円の回数券には50円券18枚と10円券20枚がついている。一方、1都3県のバス共通カードの取り扱いは終了

ICカードは全国共通？

1990年代後半になると、交通系ICカードが登場した。バス業界では当初、コミュニティ系路線で、その路線専用のカードが販売されたが、1999年に道北バス、2000年に山梨交通、2001年に福島交通と北九州市交通局で、一般路線に使用できるICカードが発売された。2001年にJR東日本の「Suica」が登場してからは、鉄道を含めた地域の公共交通に共用できるICカードをバス事業者も導入するようになった。2013年からはそれらのうち「Kitaca」「Suica」「PASMO」「TOICA」「manaca」「ICOCA」「PiTaPa」「SUGOCA」「nimoca」「はやかけん」の10種類が相互利用できるようになった。また、これら以外は相互利用こそできないものの、岡山エリアの「Hareca」導入事業者、広島エリアの「PASPY」導入事業者のように、上記10種類のカードが片利用

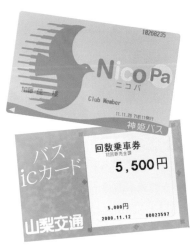

（上）神姫バスは NicoPa のほか全国 10 種のカードが片利用できる
（下）山梨交通独自の IC カードは PASMO の導入により運用を終了

できる路線バスがある。手持ちのICカードが使える旅先のバスが増えたことで、多区間運賃の支払いのわずらわしさがかなり解消されている。

ただ、バス車内でのチャージは自社カードだけに限られる場合があるので、乗車前に駅やターミナルでチャージしておいたほうがよい。また、利用時に付与されるポイントも自社カードに限られるので、長く滞在する場合、長距離・高運賃の区間を利用する場合には、現地のICカードを入手したほうがおトクである。デポジット分が惜しければ、最後に払い戻せばよい。

フリーきっぷ購入時の注意事項

　ICカードと並んで便利なものが、大都市や観光地などで販売されている一日乗車券やフリーきっぷである。観光地のものは施設の入館料の割引、飲食店・売店での食事の割引や一品サービスなどの特典がついていることが多く、手持ちの交通系ICカードで正規運賃を支払って旅するより、かなりの割安感を味わうことができる。

　一日乗車券やフリーきっぷの使用を計画したら、まず確認したいのがフリーエリアと有効期間である。観光シーズンだけに設定されるものもあるので、販売期間もチェックしたい。旅のコースと日程に合うものを選ばなければならない。

　次に確認したいのが販売箇所である。駅前の案内所や定期券売場などで販売している場合、営業時間を調べておかないと、バスに乗る前に手に入らないということになりかねない。車内で販売しているものもあるが、運転士の手持ちが少なく、遅い時間になると売り切れていることもある。鉄道とセットになっているものは、現地に行ってしまうと購入できないので、鉄道で旅を始める前に買わなければならない。Point058で紹介する九州の「SUN Qパス」は、近くのコンビニでも購入できるが、その場合現地の窓口で乗車券と交換しなければ使用できない。なお、近年は交通系ICカードにフリーきっぷ情報を入れてもらうタイプも増えつつある。

庄内交通エスモールの案内所（左）は早朝の6時45分に開くが、三重交通の鵜方駅前案内所（右）は9時から営業が始まる

バスのフリーきっぷには
どんなものがあるの？

　路線バスが乗り降り自由になる一日乗車券やフリーきっぷには、どのようなものがあるのだろうか。通年毎日販売されている主なものを紹介することにしよう。

　観光地に見られる周遊バスには、専用の一日乗車券が用意されているものがある。「るーぷる仙台」「小江戸巡回バス」（川越）「スカイツリーシャトル上野・浅草線」「新潟市観光循環バス」「タウンスニーカー」（松本）「ひろしまめいぷる〜ぷ」「ぐるっと松江レイクライン」「高虎号」（今治）「しろめぐりん」（熊本）「じゅぐりっと号」（人吉）などである。

　観光地や主要都市を営業区域に持つ事業者は、特定のエリアに限った一日乗車券やフリーきっぷを販売している。札幌（北海道中央バス /JR 北海道バス）、小樽（北海道中央バス）、増毛〜豊富（沿岸バス）、室蘭・登別（道南バス）、函館（函館バス）、大館（秋北バス）、鶴岡（庄内交通）、日光（東武バス日光）、渋川・伊香保（関越交通）、みなかみ（関越交通）、川越（東武バスウエスト）、都区内（東京都交通局 / 京成バスグループ / 東武バスセントラル / 京王バスグループ / 京浜急行バス）、甲府（山梨交通グループ）、長野・松代（アルピコ交通）、静岡（しずてつジャストライン）、岐阜（岐阜乗合自動車）、高山（濃飛乗合自動車）、福井（京福バス）、伊勢・鳥羽・志摩（三重交通）、奈良・西の京・斑鳩（奈良交通）、滋賀県・京都府・大阪府内の２つのエリア（京阪バス）、大阪府・兵庫県内の６つのエリア（阪急バス）、高野山（南海りんかんバス）、姫路（神姫バス）、宍粟（神姫バス）、呉（広島電鉄）、石見（石見交通）、福岡（西日本鉄道）、長崎（長崎自動車）、佐世保（西肥自動車）、大分（大分バス）、別府（亀の井バス）、鹿児島（鹿児島市交通局）、那覇（那覇バス）などである。

　複数の事業者のバスに共通乗車できるものもある。旭川（旭川電気軌道・

道北バス）、金沢（北鉄グループ・西日本JRバス）、京都（京都市交通局・京都バス・西日本JRバス）、徳島（徳島バス・徳島市交通局）などで販売されている。

　1つの事業者やグループの全線に乗車できるもの、鉄軌道がフリーエリアに含まれるものもある。仙台市交通局、東京都交通局、国際興業、西武バス、関東バス、小田急バス、京王電鉄バス、東急バス、神奈川中央交通、川崎市交通局、横浜市交通局、新潟交通佐渡、東海自動車、遠州鉄道、名古屋市交通局、京都市交通局、高槻市交通部、南海バス、和歌山バス、伊丹市交通局、両備ホールディングス、おのみちバス、いわくにバス、小豆島オリーブバス、伊予鉄道、とさでん交通、西鉄バス北九州、堀川バス、佐賀市交通局、島原鉄道、宮崎交通、東運輸、西表島交通などで販売されている。九州の4エリアに設定されている「SUNQパス」は、高速バスを含む全バス路線に使用できるという超大型のフリーきっぷである。

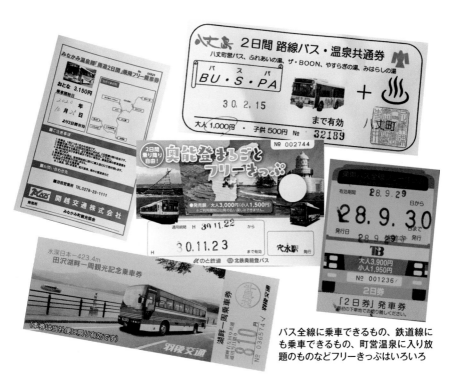

バス全線に乗車できるもの、鉄道線にも乗車できるもの、町営温泉に入り放題のものなどフリーきっぷはいろいろ

ところ変われば バス停変わる

　バス停の標柱で最も原始的なものは、1本の鉄パイプの上にバス停名が書かれた丸い板、中ほどに時刻表などを載せた四角い板をつけたスタイルである。 また2本の脚で鉄板を挟む"すいせん型"、1本の脚がしゃもじのように広がり鉄板を挟む"しらゆり型"というスタイルも多い。

　都市部では電照式の標柱が増え、上屋やフードの設置も進んでいる。 バスロケーションシステムによってバスの現在地が表示されるものもある。 スマホが普及した現在では、標柱そのものに接近表示装置をつけるのではなく、標柱に貼られたQRコードをスマホで読み取らせ、バスの現在地を確認させる方法が普及しつつある。

　地方では昔ながらの木造の待合小屋に出合うこともある。 きれいに掃き清められていると、バスが地域で愛されていることが伝わってきて、温かな気持ちになる。 またローカル路線には、街に向かう方向だけに標柱がある"片側ポール"が見られる。 逆の方向に乗るときは標柱の脇ではなく、道路を渡った向かい側で待たなければならない。

　整列乗車にもご当地ルールが存在する。 行先ごとに分かれて並ぶのか、1列に並んで乗車するバスが来たら抜けていくのか、足元の表示などを確認しなければならない。 JR長崎駅前の浦上方面行きのバス乗り場は、長いホームに前からランダムに停まるバスから、目的のバスを探して乗車するという難易度が高いものである。

丸板にバス停名が書かれている福井鉄道「糠 長島」と"しらゆり型"と呼ばれる西武バス「滝山営業所」の標柱

060 フリー乗降制とは？

京都バス花背線は、鞍馬温泉以北がフリー乗降区間になっている。また都営バスでも青梅支所の車両には、柳川以北がフリー乗降であることを知らせるサボがある

　ローカル路線特有の制度として、バス停以外での乗降を認めるフリー乗降制がある。目的地の最寄りで乗り降りでき、利便性が高まるので、ローカル路線の利用促進を目的に導入されている。

　フリー乗降区間で、バス停ではない場所で降りたいときは、あらかじめ運転士に「○○の前でお願いします」「△△を過ぎたところで停まってください」などと目標物を伝える。運賃は1つ先のバス停までの金額になる。バス停ではない場所から乗るときは、バスに向かって手を上げて停車してもらう。運賃は1つ手前のバス停からの金額になる。見通しの悪いカーブや交差点付近など、安全上、フリー乗降できない場所があるので、降りるときは運転士の指示に従い、乗るときはバスが安全に停まれる場所で待たなければならない。

　フリー乗降制と似たものにデマンドシステムがある。フリー乗降制では通常のルート上のバス停以外で乗り降りするのに対し、デマンドシステムでは通常のルートとデマンド区間があり、デマンド区間で乗降があるときだけバスが迂回運行する。デマンド区間で乗降する方法は路線によって異なり、降りたいとき乗りたいときともにあらかじめ電話やインターネットで予約するもの、降りたいときは運転士に伝え、乗りたいときはバス停のボタンを押して呼ぶものなどがある。

第3章　乗りバスを知る

061

路線バスに乗ったら
どこに座る?

ツーステップバスでは左最前部がお年寄りの
指定席。ノンステップバスではノンステップ
フロアの席をお年寄りに譲りたい

　路線バスの車内でどこに座るか、好みが分かれるところである。バスに酔うことを理由にバス旅を敬遠している人には、一番揺れが少ない車体の中央をオススメしている。ノンステップバスやワンステップバスなら、中扉のすぐ後ろ、ステップアップ部分の最前部がよいだろう。車内が見渡せるし、アイポイントが高いので車窓もより楽しめる。中扉が開くたびに新鮮な空気に触れることもできる。

　前方の眺望が素晴らしいのは左最前席である。ただし Point011 で紹介したように、いすゞ・日野の最新モデルではタイヤハウスに燃料タンクが置かれたため、特注の右側タンク仕様以外はこの席が廃止されている。また、ノンステップバスでは段差が大きく危険という理由で、この席を設けていない事業者も見られる。コロナ禍では運転士の感染防止策として、この席を封鎖している事業者も多い。

　ノンステップでない前降り路線の場合、下車しやすい左最前席は地元のお年寄りに人気である。ノンステップバスやワンステップバスでは、床の低い前中扉間の席は、たとえ優先席ではなくても、地元のお年寄りに譲ってほしい。筆者は最後部に座ることが少なくない。エンジンのサウンドが楽しめるし、高い位置から車窓を眺めることもできる。乗客の動きがひととおり見渡せるのも魅力である。

062 ドアが開くまで 立たないのがルール

駅の停車時間が短い都市部の電車では、「お降りの方はお早めにドア付近にお進みください」というアナウンスが行われたりする。しかし路線バスでは、バスがバス停に停車してドアが開くまで席を立たないのがルールである。バスは鉄道に比べて加減速やカーブが急なので、乗客の体により大きなG（重力加速度）がかかり、転倒する危険があるからである。また、たとえば急な飛び出しや割り込みがあり、やむを得ず踏んだ急ブレーキが原因で乗客が転んでケガをしたとしても、運転士がケガの責任を問われる可能性がある。そして、車内事故によるクガは一般の交通事故によるケガより、負傷度合いの認定が厳しく、運転士が追わなければならない刑事的・行政的な責任も重くなってしまう。多くのバス運転士を友人に持つ筆者は、乗客側にも、自分の不注意による車内事故を予防してほしいと思う。

もちろん、乗客自身に過失があれば、運転士だけに責任を負わせることはできない。バスの減速中に席を立って出口に向かったり、加速中に空いた席に移動したり、何にもつかまらずに立っていたりすれば、乗客にも過失責任が生じるのである。一般車に交じって公道を走るバスは、鉄道より走行環境の影響を受けやすい。乗客自身がバス旅を楽しむためにも、転倒につながるような行為は慎んでほしい。

第3章 乗りバスを知る

路線バスでは「乗ったらすぐ座る」「ドアが開くまで立たない」がルール。近年は車内事故防止を啓蒙する表示も増えている

大きな荷物を
持ち込まないで!

バスは鉄道車両に比べ、車内空間が限られている。そのため高速バスや定期観光バスでは、大きな荷物を収納できるトランクが床下についている。しかし一般路線バスにはトランクがなく、一部を除いて網棚も設けられていない。スーツケースのような大きな荷物、または1人で何個もの荷物を車内に持ち込まないほうがいいだろう。コロナ禍以前の観光地には多くの外国人旅行者があふれ、スーツケースを転がして路線バスに乗り込む人が多かった。車内がいっぱいになってしまう光景をよく目にしたし、地元利用者から寄せられる苦情も多かったと聞く。途中バス停での降車に時間がかかり遅れるので、京都駅と清水寺や銀閣寺などを結ぶ京都市営バスの洛バス100号系統は、前降り・後払いから前乗り・先払いに変更したほどである。

国内旅行者は外国人旅行者より、荷物をコンパクトにできるはずである。筆者は長期取材で荷物の量が増える場合、なるべく同じ宿に連泊できるスケジュールを組んでいる。また乗り継ぎの旅の取材などで、毎日宿を変えなければならない場合は、ヤマト運輸の往復宅急便を活用して、2日分ずつぐらいの荷物をあらかじめ宿に送っている。路線バス乗車時の荷物を最小限にしているのである。乗りバスを愛する人が、地元利用者の苦情の対象になるようなことをしてはならない。

高速バスや定期観光バスでは大きな荷物は床下トランクへ。スーツケースを転がす乗客が増えた京都市営バス100号系統は前乗りに変更

064
車内での飲食は
マナー違反？

一般路線バスの車内では飲食禁止が原則。ただし長距離路線にはドリンクホルダーなどを備えた車両も見られる

繰り返しになるが、バスは鉄道車両に比べ、車内空間が限られている。乗客の間の距離も、鉄道よりバスのほうが近い。乗客同士のトラブルを避けるためにも、一般路線での飲食は控えるべきである。もちろん、ペットボトルの飲み物を飲んだり、ガムや飴を口に入れたりすることまで遠慮する必要はない。しかし、アルコール類や紙コップの飲み物、弁当などをとることはマナー違反といってよい。

一方、長距離路線や定期観光バスに使用される観光タイプの車両には、テーブルやドリンクホルダーがついている。長距離路線は食事の時間帯をまたぐものもあり、定期観光バスには車内で弁当を食べることを前提にしたコースもある。したがって、こうしたバスでの飲食は問題ないであろう。ただし自分は自主規制として、隣席にほかの乗客がいるときには、飲酒だけは自粛するようにしている。

余談になるが、地方の普通列車の車内での飲酒にも、筆者は反対である。酒は大好きだし、若いころはローカル線の車内で缶ビールを飲んだりしていたが、時代は変わり、飲酒や喫煙に対する考え方も大きく変化した。またインターネットの出現により、都会と地方の生活が均質化している。新幹線や有料特急とは客層の異なる地方の普通列車のなかで、山手線でできないことをすべきではないと思う。

第3章　乗りバスを知る

乗れたらラッキーな "ワンロマ"って何？

　バスファンから "ワンロマ" という言葉を聞いたことはないだろうか。"ワンロマ" とは、ワンマン・ロマンスシートを略したもので、もともとは1980年代の京王帝都電鉄で、中央高速バス富士五湖線の増発用車両に名づけられた。 この車両は前中扉ながらロマンスシートを装備し、普段は一般路線、観光シーズンには高速路線に使用された。1987年式の3代目まで増備されたが、高速車両のグレードアップが進むと仕様の差が顕著になり、晩年は一般路線だけに使用されていた。

　ここから派生して、一般路線車ながら2人掛けハイバックシートで、高速や貸切に兼用されるバスが "ワンロマ" と呼ばれている。京王以外にも数多く存在するが、各事業者が独自の名称で呼んでおり、たとえば北海道中央バスでは中扉つきのロマンスシートなので "中ロマ"、西武バスでは乗合以外にも使用するので "用途外"、神奈川中央交通ではボディカラーが青なので "青バス" と呼んでいる。

　"ワンロマ" は一般路線車がリーフサスの時代からエアサスを装備し、ハイバックシートなので乗り心地が良く、一般路線で出合えるとラッキーな存在だった。交通バリアフリー法の施行後は、"ワンロマ" もワンステッ

マスコット「ノルフィン」があしらわれた川崎市営バスの "ワンロマ"。イベントの送迎などに活躍

京阪バスのオール
2人掛けシートの
ノンステップバスは、比叡山ドライブバスなどで活躍する

青いボディの神奈川中央交通の"ワンロマ"。平塚競輪の開催日以外は一般路線に使われる

プやノンステップとなり、深夜急行バス用として新製されたものも活躍を開始している。"ワンロマ"は乗り心地が良いので、比較的距離の長い路線に運用されることが多い。 また通路が狭く乗客の流動性が良くないので、比較的乗客の少ない路線にも充当されている。 したがって事業者によっては、"ワンロマ"を狙って乗車することができる。京浜急行バスの羽田空港シャトルバス、京阪バスの比叡山ドライブバス、奈良交通の八木新宮線のように、全便が"ワンロマ"で運行されている路線もある。

　かつては経年の貸切車や高速車を一般路線に転用する例も各地で見られた。 こちらは本物の貸切車・高速車なので、"ワンロマ"を上回る乗り心地を誇り、国鉄やJRで特急型・急行型車両の普通列車に当たったようなおトク感があった。 しかし、交通バリアフリー法の施行後はこうした転用が制約され、転用車の引退に合わせてワンステップバス・ノンステップバスに代替される例が増えている。

　そんななか、着席が求められる山岳路線では、例外的に貸切・高速転用車が活躍を続けている。JRバス関東の長野原草津口〜草津温泉〜白根火山間、東武バス日光の東武日光駅〜湯元温泉間には、高速バスとしての任務を終えた車両たちが集結している。 またアルピコ交通の松本駅〜新島々〜上高地間には、環境保護のために新製された日野セレガハイブリッドが専用車として運用されている。

高速バスには
指定制と定員制

　前ページまでは一般路線バスの乗りバスについて紹介してきたが、ここからは高速バスの乗りバスの雑学を紹介していくことにする。筆者が本格的に乗りバスを始めた 1980 年代以降、高速バスは急成長を遂げている。国鉄バスの「ドリーム号」などわずかしかなかった長距離夜行路線が全国の地方都市へ延び、続いて中近距離の昼行路線が次々と開業した。大都市圏では空港連絡バスのネットワークも形成された。こうした高速バスは一般路線バスと異なり、『JTB 時刻表』や『大時刻表』→『JR 時刻表』にも漏れなく掲載された。どんどん拡大されていく会社線ページの高速バス欄

千葉県内と奈良県内を結ぶ京成バス「やまと号」。夜行バスのほとんどは予約指定制である

浜松から首都圏・関西に向かう遠州鉄道「e-LineR」は昼行便・夜行便ともに予約指定制

札幌〜稚内間を走る宗谷バス「わっかない号」は夜行便も座席を指定されない予約定員制

那覇空港〜名護間の高速バスは本島 4 社の共同運行。予約がいらない自由席の定員制である

を見ながら、バスファンの筆者は大きな喜びを感じた。

　時刻表の高速バス欄には、時刻とともに運行事業者名と電話番号が掲載されている。この電話マークには、黒色の問い合わせ電話番号、白色の予約電話番号があり、白い電話マークの路線には「予約指定制」または「予約定員制」という表示があることにお気づきだろうか。1台の定員が40〜50人程度の高速バスでは、新幹線や特急列車にある指定席と自由席が路線単位で決められているのである。

　予約指定制とは、列車でいう指定席である。利用者はあらかじめ期日、時刻、乗車地、下車地、人数を決めて予約し、指定された番号の座席を利用する。ほとんどの夜行路線と比較的運行距離が長い昼行路線がこの方式を採用している。

　予約定員制とは、列車にはあまりない概念である。利用者が期日、時刻、乗車地、下車地、人数を決めて予約する点は予約指定制と同じだが、席番は指定されず、先着順で空いている席に自由に座る。運行事業者は申し込みが定員になったところで予約受付や発券を締め切るので、自由席とはいえ予約してあれば乗れないことはない。札幌・旭川を起点とする道北・道東の路線に多く見られるほか、首都圏や関西などで運行されている空港連絡バスがこの方式を採用している。

　黒色の問い合わせ電話番号しか掲載されていない路線は、予約不要の自由席である。しかし列車と異なるのは、高速道路では立席が認められないため、満席の場合は乗車することができない点である。比較的運行距離が短い昼行路線がこの方式を採用している。観光路線のシーズン中や通勤路線の朝夕には、早めにバス停に行く必要があり、途中バス停から乗る際には1本見送る覚悟も必要である。

　なお、1つの路線に異なる方式が混在する例もある。たとえば名古屋〜京都間の名神ハイウェイバスは、下りの名鉄バスセンター、名古屋駅、上りの京都駅、京都深草から乗るときは予約指定制、その他から乗るときは予約不要の定員制となっている。

067　高速バスの予約は インターネットで

　1990年代までの予約指定制の高速バスは、電話による予約が中心だった。帰省シーズン分や連休分の予約受付開始日には、電話がなかなかつながらず、それを避けるために路線ごとに電話番号を変える事業者もあった。しかし、2000年代にツアーバスが行ったインターネットで予約受付、コンビニで決済というシステムが、若年層のライフスタイルにフィットして乗客を獲得したため、既存の高速バス運行事業者も、インターネット予約を中心に販売する戦略に切り替えた。2013年には東名・名神ハイウェイバスと「ドリーム号」がマルスから削除され、高速バスの乗車券はごく一部を除き、みどりの窓口で購入することができなくなった。

　インターネットの高速バス予約サイトは3つある。1つは「高速バスネット」で、JRバス関東・JR東海バス・西日本JRバスのいずれかが共同運行に加わっている路線や小田急箱根高速バスの路線などを予約することができる。予約時には座席表から席番を指定することができる。予約完了後は手持ちのクレジットカードまたはSuica・モバイルSuicaでWEB決済するか、コンビニの端末を操作して発券・購入する。WEB決済した場合はWEB乗車票のスクリーンショットを保存するか、PDFを印字して持参し、乗車時に（路線によっては下車時も）運転士に提示する。

　2つめは「ハイウェイバスドットコム」で、京王電鉄が開設し、名鉄系と西鉄系のサイトを統合したので、京王グループ・名鉄グループが共同運行に加わっている路線と九州の路線を予約することができる。予約完了後は手持ちのクレジットカードでWEB決済するか、各事業者の窓口またはコンビニで発券・購入する。当初は予約時に座席指定ができなかったが、現在はWEB決済すると座席表から席番指定が行えるようになっている。WEB決済した場合はWEB乗車票を保存するか、乗車票画面を印字して

持参し、乗車時に（路線によっては下車時も）運転士に提示する。

3つめは「発車オ〜ライネット」で、株式会社工房が運営している。上記のJR3社系、京王・名鉄系、九州各社を除くほとんどの路線を予約できるほか、上記グループの路線の一部も予約することができる。予約時の座席指定の可否は路線によって異なる。予約完了後はその路線で可能な決済方法のなかから、手持ちのクレジットカードでの決済、NTTドコモd払いでのキャリア決済、各事業者の窓口またはコンビニでの購入を選択する。クレジットカード決済またはキャリア決済した場合は、決済後に送信されてきたメール画面をスマホに保存するか、出力・印字して持参し、乗車時に（路線によっては下車時も）運転士に提示する。

乗車時はスマホの乗車券画面などを提示。乗務員がタブレット端末で座席表を確認する

JRバス関東・JR東海バス・西日本JRバスが運行する路線が予約できる「高速バスネット」

京王グループ・名鉄グループの路線、九州の路線などは「ハイウェイバスドットコム」で

上記グループの一部路線を含む全国の多くの高速バスが予約できる「発車オ〜ライネット」

高速バスの運賃は
取る日・乗る日で変わる?

　従来の高速バスとツアーバスを一本化する新高速乗合バス制度の施行により、都市間輸送だけを目的とするツアーの催行が禁止された一方で、高速乗合バスに対するいくつかの規制緩和が行われた。そのひとつが、固定額運賃から幅運賃への変更で、季節や曜日などの需要に合わせ、上限額と下限額を設けた運賃を設定できるようになった。これを受けて多くの高速バスに幅運賃が設定されている。

　たとえば、JRバス東北の「ドリーム青森・東京号」を例にとると、青森駅〜東京駅間の運賃は、S期間10,700円、A期間9,200円、B期間8,200円、C期間7,700円と4種類が設定されている。S期間とは年末年始など、A期間は繁忙期の週末など、B期間は繁忙期の平日や閑散期の週末など、C期間は閑散期の平日などとなっている。

　さらに、乗車券を購入するタイミングによっても運賃は異なる。上記の「ドリーム青森・東京号」の場合、「高速バスネット」または「発車オ〜ライネット」から予約して、乗車日の5日前までに決済すれば、本来の運賃より1,000円安い「早売5」運賃が適用される。早売は乗車21日前に決済した場合の「早売21」から、乗車前日までに決済した場合の「早売1」まで、路線ごとに設定されている。ただし早売で販売される席数には限りがあり、指定できる席番も限られている。

4種類の運賃がある「ドリーム青森・東京号」と「ドリーム福井号」。前者は「早売5」、後者は「早売14」「早売1」の設定がある

069

上手に使いたい
各種の割引

千葉～安房鴨川間の「カピーナ号」は往復乗車券の割引率が高い。また東京～水戸間の「みと号」には2枚つづりのツインチケットがある

幅運賃の活用と早期の購入、鉄道と同じような学割以外にも、高速バスに割安に乗車できる方法がいくつかある。インターネットの高速バス予約サイトから予約し、WEB上で決済することにより、運賃が2～5％割引になる「ネット割」もそのひとつである。ただし「ネット割」はすべての路線に適用されるわけではない。

往復割引が設定されている路線もあり、鉄道と競合しているような環境だと割引率が高い。たとえば千葉中央バスと日東交通が共同運行する「カピーナ号」の千葉駅～安房鴨川駅間は、片道1,880円、往復2,850円で、割引率は25％に近い。

回数券を使用する方法もある。というと、同じ区間に何度も乗るわけではない乗りバスには使えないと言われるかもしれない。しかし、中央高速バスの諏訪岡谷線、伊那・飯田線、松本線、白馬線、木曽福島線のように、2枚つづりのWEB回数券を販売している路線があり、1人で往復または2人で片道乗車するときに使用できるのである。たとえばバスタ新宿～松本BT間の運賃は3,800円、2枚つづりWEB回数券は6,300円で、これを使うとおよそ18％割引になる。同じタイプをWEB上ではなくツインチケットとして販売しているのが常磐高速バス水戸線である。東京駅～水戸駅間の運賃は2,120円、ツインチケットは4,000円で、約6％引きで乗車できることになる。

第3章　乗りバスを知る

高速バスでは
どの席が快適？

一般路線バスでの座席選びについては Point061 で説明したが、より長時間乗車するのでこだわりたいのが高速バスの座席である。はたしてどの席に座れば快適に過ごせるのであろうか。室内レイアウトのタイプごとに考えてみたい。

後部トイレつき40人乗りの日野セレガの車内。最前席の側窓にアクセントラインがかかる

昼行の近距離高速バスで一般的なのは、横4列（最後部5列）×縦11列の45人乗り、これに補助席がついた55人乗り、さらに縦が1列多い60人乗りのハイデッカーである。中長距離だと左最後部にトイレがつくので、補助席がなければ42人乗りか40人乗りになる。Point061でふれたように、バスに酔いやす

い人には揺れの少ない中ほどの4列目から6列目をオススメしたい。眺望を堪能できるのは1列目で、ハイデッカーは客席より運転席が低いので、A席でもD席でも眺望はほぼ同じなのだが、AB席の前には運賃表がある場合、CD席の前は運転士が日除けを下ろす場合がある。また眺望でいえば、日野セレガの純正仕様の場合、1列

中央トイレつき28人乗りの日野セレガの車内。3C席なら気兼ねなくリクライニングできる

（左）3列シートのス
カニア「アストロメガ」
の階段付近。6A・
6B 席の後ろが階段
である
（左）後部トイレつき
28 人乗りの日野セ
レガ。トイレの前は
9A・9B 席、トイレ
の横は 10C 席

目の窓にアクセントラインと呼ばれるピラーがかかり、視界が遮られるこ
とも覚えておきたい。

　後席に気兼ねなくリクライニングできるのは最後部の 11 列目か 12 列目
で、トイレつき 40 人乗りなら左側のトイレ前は 9AB 席となる。地方の近
距離高速バスに見られる貸切のセミサロンを転用した 53 人乗りの車両だ
と、9 列目と 10 列目を回転できるようにしてあるので、この 2 列と最後部
はほかの席よりシートピッチが広い。

　夜行の長距離高速バスも、4 列シート車は昼行便と同じである。一般的
な独立 3 列シート車は横 3 列×縦 10 列で、4C 席と 5C 席の位置にトイレ
がある。したがって最後部が 4 列なら 29 人乗り、3 列なら 28 人乗り、ト
イレへの出入りを考慮して 5B 席をつけていなければ 27 人乗りになる。両
側に通路がある B 列は敬遠されがちで、2 人連れが A・B 席を並べて押さ
えたときや、満席に近いとき以外は空いていることが多い。しかし、B 列
がすべて埋まってしまうと A 列はやや不自由である。A・B 間の通路は B・
C 間の通路より狭く、トイレも B・C 間の通路に面しているからである。

　夜行バスでは運転席の後ろにカーテンが引かれるので、1 列目に座って
も眺望は楽しめない。1 列目とトイレの後ろの 6C 席は、前の座席が倒れ
てこない半面、足を伸ばせないので長身な人には向かない。後席に気兼ね
なくリクライニングさせて眠れるのは、3C 席か 10 列目となり、最後部ま
で 3 列シートの車両なら 10C 席が快適である。少数ながら在籍する 3 列シー
ト・後部トイレの車両では、9A 席がトイレの前になる。また 3 列シート
のダブルデッカーでは最後部の 11 列目に加え、階段前の 6A 席、階段横
で後ろが通路の 6B または 7B 席も、後席を気にせず眠ることができる。

高速バスのシートと
アメニティグッズ

　高速バスのシートピッチが新幹線や特急列車より狭いことは否定できないが、高速バスならではのシート機能やアメニティグッズについては誇れるものがある。

　4列シート車のシートは一般的なリクライニング機能のほか、簡易なフットレスト、テーブル、ドリンクホルダーがついているものが多い。近年は昼行高速バスでも予約指定制の路線が増えたので、補助席を廃止してシート幅を広げた「ワイドシート」に変更した事業者が多く、レッグレストを備えた車両もある。夜行用では、ウィラー・エクスプレスが寝顔を隠せるフードをつけたり、JRグループが女性専用席の通路側にプライベートカーテンを備えたりと、女性客への配慮が行われている。

　3列シート車のシートは広幅でリクライニング角度が深く、フットレストとレッグレストを完備しているのが一般的である。テーブルとドリンクホルダーも就寝姿勢を考慮した位置にあり、肘掛けを可動式にしてリクライニング時にも通路に出やすくしてある。消灯中のために、窓側席の網棚下、中央席の前席背もたれに読書灯がある。JRグループでは、リクライニングとともに座面にも傾斜がついて身体にフィットする「クレイドルシート」を開発した。ウィラー・エクスプレスの「リボーン」は、1席1席がシェル型のフードで囲まれている。窓側席の通路側にプライベートカーテンのある車両が増え、前後の席間にもカーテンを引ける車両もある。

　夜行バスの多くには、アメニティグッズも用意されている。スリッパ、使い捨ておしぼり、ひざ掛けあたりが一般的だが、ひざ掛けはコロナ禍で用意されなくなっている。またおしぼりは各座席でなく、出入口付近に置いている事業者もある。かつてはイヤホンが用意され、シートのポートにつないでマルチステレオの音楽を楽しめたが、ポータブルプレイヤーやス

名鉄バスの４列ワイドシート車。後部にパウダールームを装備する 36 人乗りである

独立３列シート車。レッグレスト・フットレストつきだが最前席は足が伸ばせない

西日本 JR バスのスカニア４列シート車。レディースシート部分にはカーテンがある

JR 東海バスの４列シート車。テーブル、ドリンクホルダー、コンセントがついている

マホの普及で廃止されている。

　代わりに全席への標準装備になったのが、コンセントまたは USB ポートである。利用者の世代が若い高速バスでは必需品となっており、４列シート、３列シート、昼行、夜行を問わず、新車はもちろん、在来車への取り付け改造まで進められている。 その普及率は新幹線や特急列車をはるかに上回っているであろう。 また外国人旅行者が増えたことを背景に、無料 Wi-Fi のサービスも拡大されてきた。

　女性客に好評な設備としてパウダールームがある。高速バスの在来型のトイレは狭く、トイレつき車両でも途中休憩時にパーキングエリアのトイレを使用する女性が多かった。そこでトイレのスペースを後部の車体幅いっぱいに拡大し、大きな鏡と洗面台をつけて、パウダールームとした車両が登場したのである。

近年は無料 Wi-Fi サービスも拡大。ただし共同運行だからといって両社にあるとは限らないので注意

プレミアムシートって何？

　独立3列シートよりさらに快適な横2列配置のシートを持つ夜行バスがいくつか運行されている。先陣を切ったのは弘南バスで、品川〜弘前間を結ぶ「ノクターン」のうちの1台に、「スーパーシート」を装備するハイデッカーを投入した。「スーパーシート」は車両後方に2列配置で6席あり、少し窓側に向けて設置されていた。奥行きのあるフットレストに足を伸ばすことができ、ぐるりとカーテンを引いて個室のようにすることができた。しかし、残念ながら2012年この車両は引退してしまい、代替した新車に引き継がれることなくサービスを終了した。

　一方、JRバス関東と西日本JRバスは2006年、首都圏〜関西間の「ドリーム号」に、「プレミアムシート」を装備したダブルデッカーを投入し、「プレミアムドリーム号」と名づけて運行開始した。「プレミアムシート」は1階の左右に2席ずつ配置され、レッグレストとオットマンを使うと体を伸ばして眠ることができる。その快適性から人気が高まり、この2社が増備したほか、JR東海バスとJR四国バスにも登場し、JR四国バスの車両は本革張りのシートを採用した。これらの増備車は左側の後部に車椅子固定スペースを設けたた

JR四国バスのプレミアムシートは本革製。足を伸ばして寝返りも打てるほどゆったりしたスペースがある

め、「プレミアムシート」は3席となり、乗車券が発売されるとすぐに売り切れるプレミアムチケットとなった。また、この車両を使って首都圏〜関西を昼行で結ぶ「プレミアム昼特急」も運行されている。

さらにJRバス関東と西日本JRバスは2013年、「プレミアムエコドリーム号」の運行を開始した。こちらは2階最前部に4席の「プレミアムシート」、後部に独立3列シート、1階に4列シートを設けた3ウェイ仕様で、主に繁忙期の増発用として活躍した。またJR東海バスは2012年、ダブルデッカーの一部について、2階最前部の3列×3列の9席を3列×2列の「ビジネスシート」に改造し、夜行の「ドリームなごや号」と昼行の「新東名スーパーライナー」で運行開始した。「ビジネスシート」は横3列ながらシート幅を広げ、距離が近くなったA・B席間にはパーテーションを設けている。シートピッチは1.5倍に広がり、レッグレストとオットマンを使うと体を伸ばせるうえ、昼行便では大きなフロントガラス越しの眺望が楽しめる。

夜行列車が消えていくなか、夜行バスの利用者も多様化した。安さを求めるだけでなく、特別料金を払っても快適に過ごしたいというニーズが存在する。「プレミアムシート」「ビジネスシート」はそんなニーズに応えたものだが、残念ながらこれらを装備するダブルデッカーが引退しつつある。代替車となるスカニア製ダブルデッカーにも、「プレミアムシート」が装備されることを筆者は切望している。

JR東海バスのビジネスシートは2階の最前部。広いシートピッチに加え、昼行便では車窓のパノラマも魅力

こだわる乗客は
個室も選ぶ

　プレミアムシートよりさらに快適な個室タイプのシートを持つ夜行バスがあることは Point 023 で紹介した。前方の一部が個室タイプなのが、JR バス関東・西日本 JR バスの「ドリームルリエ」、西日本鉄道の「はかた号」で、「ドリームルリエ」の個室席は「プレシャスクラス」、「はかた号」の個室席は「プレミアムシート」と呼ばれている。1 台が丸ごと個室タイプなのが、海部観光の「マイフローラ」、両備グループと関東バスの「ドリームスリーパー」で、「ドリームスリーパー」は唯一の扉つき完全個室を備え、11 人という国内最少の乗客定員となっている。「ドリームスリーパー東京大阪号」に乗務する関東バスの運転士によれば、11 の個室はみな同じではないそうだ。室内のレイアウトは、左側に A1～A6 の個室、右側に B1・B2、トイレを挟んで B3 ～ B5 の個室が並び、設計上、トイレの位置が動かせないため、広さに若干の違いが出てしまう。具体的には A1・B1・A3 が広いのだという。また最後部の A6・B5 は窓に "Superior Class" の文字がかかるし、エンジン音を気にす

関東バス「ドリームスリーパー東京大阪号」の個室。A1・B1 席は前後の幅が広く（上）、A6・B5 席は側窓に文字がかかる（下）

る人もいるという。こだわりのあるリピーターは、個室といえども席を選んでいるそうだ。早割・ネット割で予約すると、最後部の A6・B5 に割り振られるので、空席があるときは前に移るよう案内しているとのことである。

高速バスでの飲食は
どこまで OK ？

　一般路線バスの車内での飲食マナーについては Point064 で説明した。 では、高速バスの車内での飲食はどこまで OK だろうか。高速バスとひと口に言っても、車両の仕様はさまざまである。 たとえ観光タイプの車両でも、所要 1 時間前後の近距離路線、たとえば通勤高速バスや空港連絡バスにはドリンクホルダーやテーブルがついていない。 したがって一般路線バス同様、飲食は控えるべきだと思う。

　しかし、中長距離の高速バスにはドリンクホルダーやテーブルがついている。乗車している間に、食事の時間帯を迎えるダイヤもある。 したがって、弁当を食べたり、飲み物を飲んだりすることは許されていると考えてよいだろう。ただし匂いの強いものなど、周囲が迷惑に感じるような食べものを広げればマナー違反になることは、新幹線の豚まん論議を持ち出すまでもなく常識の範囲といえよう。

　飲酒の判断は難しい。高速バスを新幹線や特急列車と同等を考えれば OK のような気がする。 ところが、バスタ新宿のコンビニで缶ビールを買うと、「バスの車内ではお飲みになれません」と注意される。 そこで筆者は、4 列シート車で隣席が埋まっているときは控えるようにしている。 しかし、独立 3 列シート車、プレミアムシートやビジネスシート、個室を利用する際には、たしなむ程度に飲んでいる。

第 3 章　乗りバスを知る

テーブルがある高速バスでは飲食してもよいだろう。独立 3 列シートのダブルデッカーのテーブルは、ちょうど駅弁＋缶ビールのサイズ？

途中休憩で楽しみたい
ご当地グルメ

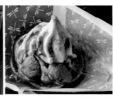

高速バスの休憩中に買える（左から）パン工房ベルベの「白い富士山」、釈迦堂PAの「信玄ソフト」、おぎのや諏訪湖SA店の「信州サーモン彩ちらし」

　高速バスの楽しみのひとつに、途中のパーキングエリアでの休憩がある。10〜20分の停車時間というのは、現代の列車の旅ではなかなか味わえず、たとえトイレに行きたくなくても、ご当地グルメを求めてぶらぶらしたくなる。都内を起点にした下り車線のサービスエリアから、いくつかのオススメを紹介してみる。

　東名ハイウェイバスの多くが休憩する足柄サービスエリアは、国内屈指の規模を誇り、当然、食も充実している。「崎陽軒」が出店しているので、駅弁としても人気が高い「シウマイ弁当」などを購入できる。高速道路初出店の「パン工房ベルベ」の富士山パンは、季節ごとにさまざまなバリエーションを楽しむことができる。

　中央高速バスの高山行きに乗車したときは、釈迦堂パーキングエリアのスナックコーナーで「信玄ソフト」を購入した。バニラアイスの上に、信玄餅、黒蜜、きなこがトッピングされたものだ。諏訪湖サービスエリアには釜めしの「おぎのや」が出店しており、諏訪湖SA店限定の「信州サーモン彩ちらし」が手に入る。長野県の水産試験場が約10年かけて開発した逸品である。

　常磐高速バス「いわき号」に乗車したときは、友部サービスエリアのスナックコーナーで「納豆DOG」を購入した。ウインナーと納豆のコラボの味は想像できなかったが、意外においしくて、いまでは「いわき号」に乗る楽しみのひとつになっている。

第 ④ 章

撮りバスを知る

Point 076
すぐにキレる人は 撮りバスには向かない

　バスは列車の半分ぐらいのスピードで走るし、長大編成を連ねて走ってくることもない。撮り鉄を趣味にしている人のテクニックをもってすれば、撮りバスを楽しむことは容易である。しかし精神的な面においては、撮りバスは撮り鉄よりも修業を積まなければならない。それはバスが公道を走っているからである。

　たとえば、ホームの先端や線路脇でカメラを構え、列車を待っているとき、カメラと列車の間に不意に障害物が現れる可能性はほとんどない。ところが歩道でカメラを構え、バスを待っている場合、歩行者や自転車が横切ることがある。それが横断禁止の場所であっても、意に介さずに横切る人がいる。また手前の路上に宅配便のトラックやタクシー、マイカーが駐停車することがある。スピードの遅い車がまるでバスを隠すように走ってくることもある。バスより大きいトラックとすれ違うこともあるし、片側2車線ならバスと並走してくることもある。

　近年、一部の撮り鉄のマナーの悪さが論じられている。自分の撮影の邪魔になる人に暴言を吐く姿が公開されたりしている。そんな人が撮りバスを始めたら、歩行者や自転車に乗る人を恫喝し、宅配便のトラックやタクシーを蹴り飛ばすことだろう。したがって撮りバスは、すぐにキレる人には向かない趣味である。

旧・江若鉄道近江今津駅とJRバスを撮ったときは自転車、えぼし岩と神奈中バスを撮ったときは並走車が…

077

鉄道写真以上に求められる法令遵守

バスターミナルでは絶対に車道に出ず、また
乗客の顔が写らないアングルで撮影しよう

　一部の悪質なマニアを除けば、線路内に進入して列車の写真を撮るような人はいない。鉄道では、ホームから線路に飛び降りるとか、柵を乗り越えて線路に入るとか、犯罪まがいの行為をしなければ線路内に進入することはできない。

　それに対して、バスが走る車道に出ることはたやすい。横断禁止ではない車道を横切ることは、違法行為ではない。たとえ横断禁止の車道や、バスターミナルのバスの走行路でも、ホームと線路のような高低差がないので、

第4章　撮りバスを知る

進入することは容易である。良い写真を撮るために進入したい衝動に駆られやすい。しかし禁止されている進入行為を行えば、交通事故につながる恐れがある。横断禁止ではない車道でも、バスの直前を横断したり、走行の邪魔になる場所でカメラを構えていたりすれば、交通事故を招いたり、車内事故につながったりする。したがって撮りバスには、やろうと思えばやれることを我慢する強い自制心が求められる。

　なお、撮影する路線バスをマイカーで追いかけるときも、安全運転を心がけてほしい。バス停を発進しようとしているバスを無理に追い越さないでほしいし、対向車線のバスが右折待ちをしていたら譲ってあげてほしい。それらがバスの定時運行につながり、自分がバスを待つイライラの防止につながるのである。

形式写真は
左斜め前からが原則

　列車やバスの写真には、風景をバックにした走行写真と車両をカッチリと押さえる形式写真がある。初めにバスの形式写真について解説することにしよう。

　鉄道車両のほとんどは左右が線対称なので、特定の床下機器を見せたい場合などを除き、左右どちらから撮影しても同じ写真になる。しかし、バスは片側だけに乗降口がついているので、左側と右側のデザインが大きく異なる。そしてバスの商業的な形式写真は乗降口のある側、日本では左側から撮影することが多い。

　仕事としてバスの形式写真を撮影している筆者は、いくつか心がけていることがある。1点目は、写真のアングルを統一することである。具体的には、左斜め前から、前面対側面が1対3ぐらいになる角度で撮影している。アングルを統一することで、何台ものバスの仕様やデザインを比較しやすいし、前面と側面、どちらのディティールも見せられるのは1対3ぐらいのアングルがベストだからである。

　2点目は、標準レンズの焦点距離（デジタル一眼レフで35mm）で撮影することである。1対3のアングルに統一しても、焦点距離がバラバラでは

バスの形式写真は左斜め前から。広角レンズを使うと迫力が出るが、後方がよく見えない

標準レンズの焦点距離で、前面1：側面3の比率の位置に構え、立った姿勢で撮影した一枚

同じ位置からしゃがんで撮影したもの。バスが大きく見えるので看板車などに用いている

左ハンドルのバスは右斜め前が定位置。しかし、ハワイ旅行の際にいつもの癖が出て…

何台もの比較ができない。広角レンズを使うと迫力は出るものの、奥のほうのディティールが見づらくなってしまう。望遠レンズを使うとメーカーカタログのようでカッコいいものの、走行中や狭い車庫では引けない場合が少なくない。標準レンズの焦点距離で1対3の比率で撮るには、左隣がバス2台分ほど空いていればよいので、歩道からバスを狙うときや狭い車庫内で撮影するときの条件にかなっているのである。

　3点目は、立った目線で撮影することである。地面が傾斜していたり、一段高い歩道から撮ったりして、若干アングルが異なることもあるが、身長178cmの筆者の目線はバスの全高のほぼ半分で、車体の上下の画角が均等になるからである。ただし、新車や看板車両を堂々と見せたいときは、あえてしゃがんで撮影している。低い目線から見上げるアングルにすると、バスがより大きく見えるからである。

　4点目は、扉や窓を閉めて撮影することである。そのバスの完成されたデザインを伝えるためである。もちろん、バスがワンステップやノンステップであること、スロープ板つきやリフトつきであることなどを伝えなければならないときは、扉を開いたり、スロープやリフトを出したりして撮影する。ただし現在はコロナ禍で側窓を開けて営業していることも多いので、側窓を閉めずに撮影することが増えつつある。

　ただ、これらはあくまで仕事としての形式写真へのこだわりである。趣味としてバスの形式写真を撮るのであれば、自分好みの手法で楽しめばよいであろう。

右斜め後ろからの
アングルにもバスの個性

　バスは左側と右側のデザインが異なり、前面と後面はまったく別ものである。筆者がバスジャパン・ハンドブックシリーズの編集を開始した1990年代には、1台のバスの左斜め前と右斜め後ろの写真を並べて掲載していた。当時のバスの後面には現在よりずっと個性があり、掲載が必要であると考えたからである。

　第1に、シャーシ対ボディの関係が1対1ではなく、メーカーの違いを後面がよく表現していたからである。たとえば、富士重工のボディは4メーカーのシャーシに架装されていた。それが左斜め前からの写真では、わずかな窓配置の違いと一部メーカーだけにある左側面のエンジンルーバーでしか識別できない。右側面によってルーバーの位置と形の違い、後面によってルーバーの位置と形、ナンバープレートの位置の違いが加わり、シャーシメーカーが容易に識別できたのである。

　第2に、各事業者の特注部分が右側面と後面にも見られたからである。後面方向幕がない車両もあれば、大型方向幕を備えた車両もあった。後面窓を屋根まで拡大して方向幕を内包した車両もあれば、メーカー標準が内包なのにあえて小さくした後面窓の上につけた車両もあった。バス協型と呼ばれるテールランプではなく、2連の角形であったり、路線タイプなのに貸切タイプのような3連フラッシャーだったりする車両もあった。右側面の窓配置がメーカー標準と異なる車両もあった。非常扉は後部が標準仕様だが、車体の中央につけている車両もあった。こうしたバリエーションを伝えるため、右斜め後ろの写真も掲載したのである。

　現行モデルでは、各メーカーの全車種が純正ボディとなったし、各事業者の特注部分もかなり減少した。バスジャパン・ハンドブックシリーズに右斜め後ろの写真を併載しなくなって久しいが、取材時にメモ用のスナッ

プは撮影している。現行モデルでもわずかながら右側面と後面にバリエーションがあり、それを把握しておくことが車両解説原稿を執筆する際に必要になることがあるからである。

　たとえば、いすゞエルガ・エルガミオと日野ブルーリボン・レインボーの右側窓は、標準仕様では大型車が中央の３枚、中型車が中央の２枚固定窓のところ、それらを逆Ｔ字型窓にしている車両がある。また燃料タンクと給油口は左側が標準仕様だが、右側についている車両がある。いすゞガーラの後面窓は、貸切バス用の２枚仕様と高速バス用にLED表示器を内包した日野セレガと同型の１枚仕様がある。

　こうしたバリエーションを記録するためには、左斜め前と右斜め後ろを撮影しておくことが必要で、こだわるバスファンは双方を撮影しているようである。

小湊鐵道はLEDとなる以前、後面方向幕も大型だった。また同じ富士ボディながら、日産ディーゼル（左）、三菱（右）、いすゞがあり、エンジンルーバーの形状などが異なっていた

現行モデルでも後面に仕様の違いがあるものがある。中国JRバスのいすゞガーラは、貸切車（左）が２枚の後面窓を持っているのに対し、高速車（右）はLEDを内包した１枚窓である

バスターミナルと
右折車線で撮る

　バスの形式写真の定番が左斜め前からのアングルであることを紹介した。ところが、バスは扉のある左側を歩道や路側帯に寄せて走行しているので、左斜め前からの形式写真を撮影することは簡単ではない。ガードレールのない田んぼのなかの一本道を行く地方ならまだしも、市街地で撮影できる場所は限られている。

　そこでチェックしたいのが、バスターミナルや駅前広場である。こうした場所にはバス乗り場のほかに、折り返し時間までバスが待機するスペースがある場合がある。しかもそれが歩道側ではなく、バスターミナルの真ん中の駐車場だったり、駅前広場中央の安全地帯側だったりする。待機時間が長ければ扉を閉めていることが多いので、きれいな形式写真を撮影することができる。また待機中に思うようなアングルで撮れなくても、そのバスが乗り場に向かうときにチャンスが訪れる。こうした場所では徐行しているので、走行中でも比較的撮影しやすい。

　もうひとつ、オススメしたいのが、右折車線である。右折車線のバスは歩道から1〜2車線離れた位置にいて、左斜め前からの撮影には絶好である。対向車線のクルマが途切れるまで待つので、ピタリと停止してくれる

天理駅前のロータリーは中央にバスの待機スペースがあり、奈良交通のバスを撮影できる

盛岡駅東口バスターミナルは、岩手県交通のバスの一部が右側に停まるので撮影しやすい

都営バスの都01系統は右折して新橋駅前に入る。都市新バスなので次から次へやってくる

北大路通を西へ向かう京都市営バスは、右折して地下の北大路バスターミナルに進入する

ことが多い。停止中に思うようなアングルで撮れないときは、右折車線に入って停止する前か、対向車が途切れて動き始めたときに押さえたい。ただし手前の直進車線の通行量が多い場合には、途切れるタイミングに合わせなければならない。また交差点が十字路だと、最適なポジションが横断歩道上だったりするので難易度が少し高くなる。

　時速20〜30kmで走っていても大丈夫という人なら、バスが直進する大きな十字路、または丁字路の突き当たりでない直進側でも撮れるだろう。とはいえ、曲がり角から横断歩道まで距離がある大きな交差点や、信号が歩車分離方式の交差点でないと、撮影するバスと同じ方向の青信号で横断する歩行者が障害になる。

　高速バスの場合、バスターミナルや交差点に加え、パーキングエリアで撮影する方法がある。自分が乗客として乗っているバスは、扉が開いている状態しか撮れないものの、何台ものバスが休憩するところなら、先に発車するバスや後から到着するバスが撮影できる。そういうパーキングエリアにクルマで行って待っていれば、やってくる高速バスや貸切バスを次々と撮影することができる。パーキングエリアのバスの駐車枠は斜めにとられていることが多く、形式写真がとても撮影しやすい。また貸切バスについていえば、観光シーズンのテーマパークや駐車場などで待ち構え、さまざまな事業者のバスを撮影しているファンもいる。

車内の撮影は運転士の許可を得て起終点で

本四海峡バスの「阿波エクスプレス大阪号」と三重交通の「CANバス」をどちらも終点到着後に撮影した

　バスの車内をカメラに収めたいという人もいるだろう。しかし乗客がいる車内でシャッターを切ることは、トラブルのもとになるので避けなければならない。筆者が旅の仕事で車内の様子を撮る場合、必ず事前に乗車する路線と区間、時刻を本社の広報担当者に連絡し、許可をもらうようにしている。そして、たとえ許可をもらった場合でも、乗客の顔が特定できないように最後部から、乗客が不愉快に感じないようにシャッター音のしないコンパクトカメラで撮影している。

　初めて乗る事業者や初めて乗る新車に予期せずにあたり、乗客の様子ではなく車内全景の形式写真を撮りたいときは、終点ですべての人が降りたあとに運転士の許可を得てから撮影している。この場合も、運転士を待たせることがないように、自動露出・自動焦点で数秒でシャッターが切れるコンパクトカメラかスマホのカメラを使用している。乗車時に改札がある高速バスで、あらかじめ撮影したいと考えているときは、たとえ予約指定制の路線でも一番に乗り場に並び、乗車するとともに撮影している。2番目の乗客が改札を終えて乗ってくるまでの間が、シャッターチャンスとなる。この方法であれば、カーテンやシートのリクライニングがきちんと正規の位置にあり、床もきれいな状態の車内が撮影できる。

車内の写真は
日陰か逆光のほうがきれい

Point081で紹介した方法で撮影を行うとき、バスの起終点が屋根のあるバスターミナルだと、仕上がりの良い車内の写真を撮ることができる。窓から差し込む自然光の偏りがなく、室内灯が車内を均等に照らしてくれるからである。あらかじめカーテンが閉めてある夜行バスでも、室内灯だけできれいに撮ることができる。暗い場合には感度を上げ、手振れに注意しながらシャッターを切ろう。暗いからといってストロボを使ってしまうと、前方だけが明るい写真になるので注意したい。

またバスはロングシートの鉄道車両と異なり、ほとんどのシートが前向きについている。そのため晴天の日、順光向きに停車していると、左右どちらかの背もたれだけに陽があたることになり、コントラストが強くて見づらい写真になってしまう。そんなときはスマホのカメラのほうが、コントラストを自動調整してくれるのできれいに仕上がる。筆者が仕事として営業所で車内を撮る場合も、曇りや雨の日のほうが車内の写真はきれいである。晴天の日、左斜め前の形式写真と車内写真の両方を撮らなければいけない場合は、バスのもとの駐車場所が逆光なら、順光で外観を撮ったあと逆光の駐車場所に戻してもらってから車内を撮影する。どうしても順光でしか撮れないときは、スマホのカメラを使用している。

どちらも那覇バスのいすゞエルガだが、上は快晴の日、下は曇りの日に撮影した。車内の写真は曇りのほうがきれいに仕上がる

083 営業所内での撮影は 禁止が原則

　バスが大好きな人ほど、多くのバスが停車している営業所で形式写真を撮りたいと思うであろう。しかし残念ながら、一個人に営業所内での撮影を許可してくれる事業者は少ない。とくに都市部では皆無といってよいだろう。バスの営業所には定期券や回数券、高速バス乗車券などの販売窓口があり、敷地の一部に立ち入れるだけに、写真も撮れそうな気がするがそんなことはない。鉄道の車両基地を想像すればわかるように、部外者の立ち入りには危険が伴うからである。

　一方、地方にはバス乗り場が併設された営業所がある。駅前ロータリーに隣接した昔ながらの営業所もある。そうした営業所では、バスが発着するホームから駐車スペースのバスが撮影できる。また都市部の事業者でも、営業所とは別にバスの折り返し地点に操車所があり、何台ものバスが待機している場合がある。操車所の待機場所は、バス停から撮影できることが多い。これらはPoint080で紹介したバスターミナルでの撮影と同じなので、マナーを守って撮影を楽しみたい。

　地方の営業所で、所属車両が少なく、バスの出入りも頻繁でない場合、はるばるやってきたバスファンに撮影を許してくれることもある。そんなときは撮影に夢中にな

都市部の営業所は狭く、バスの出入りも多い。営業所内での撮影は許可してもらえない

地方の営業所で撮影が許されても、通路がペイントされていたら、そこから出ないように

りすぎず、バスの動きに十分注意を払ってほしい。従業員の通路がペイントなどで指定されているときは、その通路から出ないように心がけてもらいたい。入庫してくるバスの運転士は、営業所の構内に部外者がいることを想定していない。常にバスの運転士の視野を意識し、たとえばバスが後退するときは真後ろでなく、ミラーに映るところにいることなどが大切である。撮影はなるべく短時間で終わらせ、帰る際には必ず事務所に声をかけることを忘れてはならない。

　近年はバスファンを大切にしてくれる事業者が増えている。観光スポットを訪ねる一般的な貸切ツアーではなく、バス営業所を巡るバスファン向けのツアーも開催されるようになった。こうしたツアーに参加すれば、営業所内で何台ものバスを撮影できる。またそうしたツアーは多くの場合、バスが好きな本社社員が企画し、バスが好きな運転士が乗務するので、ファンの痒いところに手が届く内容になっている。

　どうしても希望のバスを撮影したいときは、仲間を集め、そのバスの貸切ツアーの開催を事業者に相談してみるという方法もある。バスの貸切運賃は鉄道車両に比べればかなり安価で、オフシーズン・近距離であれば１日５万円程度で借りられる場合もある。10人で計画すれば、１人5,000円である。それが路線バス車両でも、用途外で貸切に使用してもらうことはできる。自分が好きな事業者の売上にも貢献できる素晴らしい計画だと思う。

地方にはバス乗り場が併設された営業所もあり、乗り場からバスを撮影することができる

バスの駐車スペースを乗り場が囲む営業所。こうしたターミナルは沖縄ではよく見られる

バスファン向けの
イベント

アルピコ交通長野支社で開催された第３回「信州バスまつり」。バスに乗ったまま洗車機をくぐる体験はワクワクもの

　バスを自由に撮影できる機会のひとつに、バスファン向けのイベントがある。Point005で説明したとおり、９月20日が「バスの日」とされている関係で、毎年９月20日前後に開催されるものが多い。そのいくつかを紹介してみたいと思う。

　東北では仙台市の勾当台公園市民広場で毎年、宮城県バス協会が「宮城バスまつり」を開催している。2019年で29回を数えていたが、2020年はコロナ禍のために中止された。2019年は仙台市交通局、宮城交通、山交バス、東日本急行、仙台バス、ウィラー・エクスプレス、JRバス東北が車両展示を行ったほか、自社のオリジナルグッズを販売した。また、バスグッズを商品にしたスタンプラリーやバスとの綱引き、子どもたちが制服姿になっての記念撮影なども行われた。なお、東北では秋田県バス協会、福島県バス協会も毎年イベントを開催している。

　東京には東京都交通局主催のイベントがあり、2019年は「バスまつり2019 in 豊洲」の名で、豊洲市場６街区にぎわいスペースを会場に行われた。東京都交通局のほか、小田急バス、関東バス、国際興業、西武バス、東急バ

スが車両展示を行い、これらとはとバスがオリジナルグッズを販売した。2019年で誕生から20年になる都営バスのキャラクター「みんくる」に加え、小田急バスの「きゅんた」、関東バスの「かんにゃん。」、西武バスの「エンジェ」、東急バスの「ノッテちゃん」が子どもたちの人気を集めていた。2020年は残念ながらコロナ禍のために中止されている。なお、首都圏には自社単独のイベントを開催している事業者がいくつかある。

　長野県バス協会主催の「信州バスまつり」は2年に1回のイベントである。第5回は2018年に上田バス本社営業所で行われ、長野県内と県外から11のバス事業者が参加した。車両展示とバスグッズの販売のほか、大町エネルギー博物館が復元した薪バスや日本バス保存会が保存するボンネットバスの試乗会も行われた。2020年は第6回の開催年だったが、台風被害とコロナ禍のために延期されている。

　スルッとKANSAIが提携バス事業者を集めて開催する「スルッとKANSAIバスまつり」は、日本最大のバスイベントである。会場は関西の2府4県をまわる形で選ばれる。2019年の第19回は京都市の岡崎公園で、従来の9月から6月に変更して開催された。25のバス事業者が参加し、車両展示やバスグッズの販売を行ったほか、多くのステージイベントも実施された。各事業者のキャラクターが大集合し、PiTaPaのキャラクター「ぴたまる」も加わっている。2020年は20回記念として鉄道事業者も参加する予定だったが、コロナ禍のために中止されている。

岡崎公園で開催された第19回「スルッとKANSAIバスまつり」には25の事業者が参加

事業者独自のイベントもある。東急バス新羽営業所で行われた復刻カラーバスのお披露目

バスの動線を押さえて ベストな光線に

　ここまではバスの形式写真を撮るためのコツと撮影できる場所などを紹介してきたが、ここからは走行写真を撮影する際に知っておくべきことを紹介しよう。

　撮り鉄を楽しんでいる人がバスを撮ることはたやすいが、バスならではの特性を知っておいたほうが失敗を防ぐことができる。そのひとつが光線状態である。鉄道写真を撮影する際、地図を片手に光線状態を予測すると思う。線路が南北に走っていれば南行きが順光、北行きが逆光、線路が東西に走っていれば午前は東行きが順光、午後は西行きが順光とざっくり想像できる。それを踏まえ、後追いでもよいから順光で撮るか、逆光が映えるアングルにするか、

瀬戸内産交バスを大崎下島の御手洗集落で狙う。バスは南向きなので終日順光だが、夕方は建物の影が道路を日陰にしていた。翌朝、光線が海側からさす時間帯に再撮してみた

側面も順光にするかなどを検討し、自分の立ち位置と被写体の位置を決めていることだろう。

　ここでバスが根本的に異なるのは、後追いではバスの後面の写真になることである。電車や気動車の写真以上に後追い感が強い写真になる。もちろん、それがかえって絵になる場合もある。しかし筆者の経験上、速度の遅いバスは直後を乗用車などが追従していることが多く、交通量の多い場所では失敗のリスクが高いといえる。そのため筆者は可能な限り、バスを前から撮影する

前提で場所を選んでいる。

　また、道路は線路よりもずっとくねくねと曲がっている。たとえば、つづら折りの坂道が続く山岳路線なら、南北に走る道路を北向きに走るバスでも、ところどころでバスが南向きになる。とくにバスの本数が少ない地方では、南行き、北行きの双方を押さえたいので、こうしたポイントを見逃すわけにはいかない。そのために、より細かい地図を参照しながら、撮影ポイントを決める必要がある。

　都市部では、駅前ロータリーなどで撮影する場合もある。バスがぐるぐると回るので、順光と逆光のポイントが混在する。いくつかの系統、何本かのバスを観察し、バスがどのような走り方をするのか、その動線を把握しておかなければならない。

　さらに、道路は線路よりもずっと街並みのなかに分け入っている。沿線の建物との距離は、列車よりバスのほうがずっと近い。朝夕はもちろん、太陽

礼文島から望む利尻富士は終日逆光だが、バスが銀色なので辛うじて顔が潰れずに済んだ

明治村で名鉄バスを待つと乗り場だけが山陰に。背後の森を少し飛ばしてバスをきれいに

の角度が低くなる冬場は日中でも、バスに沿線の建物の影がかかりやすい。沿線の建物の様子は、地図ではなかなか予測できないので、できればロケハンすることが望ましい。筆者は、たとえその日はもうバスがなく、撮れないことがわかっていても、翌日の写真を確実なものにするために、時間が許せば前日に撮影地のロケハンをしている。

　駅前ロータリーなどでは、駅ビルや周囲の高層住宅が一日中影をつくる場合もあるが、それは逆に、形式写真にはうってつけのポイントといえるだろう。

自分の立ち位置が
バスに影響？

　バスならでは特性の2つめとして、走路は運転士次第という点がある。列車が2本のレールから逸れることなく走ってくるのに対し、バスが車線のどのあたりを走ってくるかは運転士の判断にかかっている。

　たとえば、撮影者が歩道から車道に乗り出していたり、歩道のない道でカメラを構えていたりすれば、撮影者を除けるため中央にふくらんでやってくる。悪天候の日には歩行者に迷惑をかけまいと、より大きく除けようとすることもある。撮影者がマイカーなどを停めていれば、かなりの部分が反対車線にはみ出してやってくるだろう。その結果、バスがセンターラインをまたいだ不自然な写真になってしまい、それがはみ出し禁止の黄色いラインならば、商業的には使用できない写真になってしまうのである。自分自身がバスの走路を変えることがないよう、十分に注意しなければならない。

　片側2車線の道路では、路線バスは左車線を走ってくるのが普通である。右折地点の手前では右車線に移るが、そのタイミングも周囲のクルマの動きを踏まえた運転士の判断にかかっている。バス停をいくつか通過する急行バスや高速バス、バス停に停まらない定期観光バスや貸切バスの走路を予測することは難しい。バスがどの車線を走ってきても、対応できるアングルで待つことが賢明である。

プロ運転士は危険を大きく回避する。醍醐寺前の京阪バスも石狩沼田のJR北海道バスも、筆者を除けようとセンターラインをまたいだ

信号のタイミングと
クルマの流れをつかもう

バスならでは特性の３つめとして、一般のクルマと一緒に道路信号に従って走っているという点がある。たとえば、撮影場所を決めたときはクルマが流れていたのに、１台の右折車のために渋滞が延び、前のクルマが障害になってバスが撮れないなどという事態が起きる。こうしたアクシデントを防ぐことは難しいが、規則的な信号に合わせたクルマの流れは、観察によって把握することが可能である。

バス停に停まる路線バスは、時としてクルマの流れから孤立する。バスがバス停に停車したタイミングで、

左折してくるバスを狙うと、クルマが途切れやすい。交通量の多い場所も、前後の信号のタイミングで、クルマが途切れる瞬間がある

前後の信号が赤になれば、バスだけが障害物なく走ってくる。交通量の少ない道から右左折してくるバスも、障害物なく走ってくる場合が多い。逆に、交通量の多い道を流れに乗ってくるバスは、ほかのクルマに追従してくる。道路の向かい側から撮っていれば、対向車にかぶられる。信号のタイミングが合わなければ、いくら待っても対向車はかぶり続けるので、信号のタイミングとクルマの流れを把握して、撮影場所を決めることが大切である。

上記の突発的な渋滞による失敗はやむを得ないが、常にある程度のクルマがつかまる信号なら、渋滞の最後部が予測できる。こうした観察力は、右折車線でバスの形式写真を撮るときにも必要なので、感覚として身につけてもらいたい。

ホームページで
ラッピング車がわかる?

撮りバスを楽しむうえで悩ましい存在がラッピング車である。その事業者のボディカラーを思い描いてアングルを決めたのに、ラッピング車がやってきたときの落胆は大きい。首都圏や関西などのラッピング車は、誤乗防止のために前面がラッピング

しずてつジャストラインのフルラッピング車。JAしみずのフルーツたちといちごハウスの組み合わせは悪くない

されていないので、前方からとらえれば広告は最小限しか写らない。しかし地方にはフルラッピング車があり、広告を写さないことは困難である。

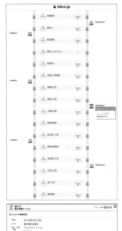

バスの現在地を確認できる東京都交通局のサイト。ラッピングバスのアイコンをタップすると車種を表示

ラッピング車はクライアントとの契約により、使用路線を決められていることが多い。たとえば都内の事業者では、一定頻度で渋谷や新宿を走る約束が交わされていたりする。そうした路線を避けることで、ラッピング車にあたる確率を減らすことはできる。ただラッピング車のなかにも魅力的なデザインのものがあり、それが背景に合っているなら、うまく作品のなかに取り込んでみるのも手である。

東京都交通局のホームページで、運行系統一覧を選び、各系統の運行状況を開くと、その系統を走るバスの現在位置がバスのアイコンで示される。このアイコンが黄色い枠で囲まれているのはラッピング車で、アイコンをタップまたはクリックするとその内容が表示される。ラッピング車だけでなく、フルフラットノンステップバスや燃料電池バスも、黄色い枠で囲まれているので識別できる。

089

バスならではの LED表示を写し取る

　LED表示に手を焼いている撮り鉄ファン・撮りバスファンは多いだろう。方向幕からLEDの時代になり、高速シャッターでは表示が切れてしまうようになった。路線バスは時速20〜30kmで走るので、正面から撮る場合にはシャッター速度250分の1以上であればほぼブレることはない。したがって、近年増えつつあるフルカラーLEDや白色LEDは、文字が判読できるレベルで撮ることができる。従来型のLEDは、125分の1以下を選びたいところだが、200分の1でも判読できることが多い。

　方向幕からLEDになり、表示内容が増えたので、きちんと写し止めると事業者の個性が表れる。一般的には嫌われる回送表示も、Point029で紹介したようなメッセージつきやイラストつきが増えつつあるので、あえて回送を写した1枚があってもよいと思う。また少数派ではあるが、複数の内容が順番に繰り返し表示されるものも見られる。京阪バスの始発バス停では行先と発車時刻が交互に表示されるし、東京BRTでは行先の日本語、英語、発車時刻の順に表示される。東急バスの始発バス停での車内LEDには、発車までの残り時分がカウントダウン表示される。

　こうした表示は電子スタッフなどと一体のシステムになっている。そのため、営業所での取材の際、そのバスが運用の途中だと表示を変えてもらうことができなくなった。

創立100周年を迎えた東海バスは、「回送中」の表記に「おかげさまで100周年」と併記した

発車時刻が掲出される東京BRT。東急バスの車内には、発車時刻までのカウントダウンも表示

参考資料に使える
雑誌と書籍

　趣味人口の多い鉄道やクルマでは、趣味誌や書籍もさまざまなジャンルが発行されている。しかしバス趣味界はまだまだ発展途上で、定期刊行物は3種類しかないのが現状である。いずれも特定のジャンルに絞ったものではなく、内容は乗りバス、撮りバスなど多岐にわたるが、バスの写真を撮影するうえでは参考になる。

　ぽると出版が編集・発行する『バスラマ・インターナショナル』は1990年に創刊。偶数月の月末に店頭に並ぶ隔月刊誌である。編集スタッフの確かな知見にもとづく記事に定評があり、とくに車両紹介に占めるページ数が多い。外観と車内の形式写真や車両の細部をとらえた写真に、バスの撮り方を学ぶことができる。

　マガジン大地が編集、講談社ビーシーが発行する『バスマガジン』は2003年に創刊。奇数月の月末に店頭に並ぶ隔月刊誌である。筆者は表紙撮影と連載記事3本の取材・執筆を担当している。バス趣味初心者にもわかりやすい記事が多い。路上で撮影したバスの写真が多いので、フォトスポットを探す手がかりになる。

　筆者が主宰するBJエディターズは、事業者ごとに車両・歴史・路線をまとめたBJハンドブックシリーズを1993年から制作。現在は2・6・10月の初めに店頭に並ぶ。車両編が形式写真、紀行編が走行写真を撮影する参考資料になると思う。

バスファン向けの定期刊行物は、隔月刊『バスラマ・インターナショナル』と『バスマガジン』、年3回刊の『BJハンドブックシリーズ』

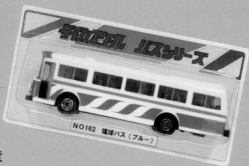

NO162 琉球バス（ブルー）

第 ⑤ 章

模型と
保存バスを知る

ミニカーといえば
世界のトミカ！

　鉄道模型は決まった縮尺率のモデルを同じに規格のレールの上に走らせることができるが、バスの模型はコンセプトや縮尺が異なるさまざまな商品が販売されている。このうち国内ブランドについて、いくつか紹介することにしよう。

　まずは、クルマ好きなら一度は手にしたことがあるであろう「トミカ」である。「トミカ」はタカラトミー（当時・トミー）が1970年から販売しているロングセラー商品で、同社の「プラレール」と一緒に楽しめるように設計されている。ラインナップは乗用車だけではなく、パトロールカーや救急車、トラックやダンプカー、重機などと幅広く、もちろんバスもシリーズの初期から販売されてきた。

「トミカ」の最も大きな特徴は、同じ大きさの箱（一部は通常の2倍の大きさ・ロングタイプ）に収められていることである。乗用車もバスも同じホイールベースなので、縮尺率はさまざまになっている。また独特のサスペンションがついており、持ち上げてポンと落とすと、ビヨヨーンと心地良く弾む。乗用車のドアが開いたり、ダンプカーの荷台が持ち上げられたりと、可動部分があることも特徴といってよいだろう。日本のミニカー市場の大きなシェアを占めており、世界中にコレクターが存在している。

　筆者が小学生だった1970年代に手に入れたのは、国鉄ハイウェイバスの三菱＋富士ボディ、都営バスの

京成バスをモデル化したベンツシターロ。トレーラートラックなどと同じロングタイプのトミカである
© TOMY

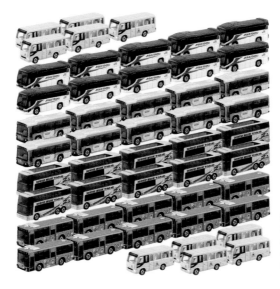

トミカの発売50周年を記念して登場した「バス車庫巡り50台セット」。5つの商品が10台ずつセットになっている
© TOMY

三菱MR410、そして事業者不明の富士セミデッカーであった。当時のモデルは窓の柱が太く、武骨なスタイルだったことを覚えている。しかしバスがスケルトンスタイルになると、「トミカ」も窓部分が一体化され、窓ガラスに柱や窓枠を凹凸で表現するスタイルになった。このタイプが発売されたころには、筆者は「トミカ」の収集から遠ざかっていたが、三菱エアロスター、三菱エアロクィーン、いすゞスーパークルーザーなどがラインナップされていた。

　現在、販売されているバスは、No.8「三菱ふそうエアロスター　立川バス×リラックマ」、No.20「いすゞエルガ　都営バス」、No.29「トーマスランドエクスプレス」（日野セレガ）、No.42「はとバス」（三菱エアロキング）、No.49「トヨタコースター　ようちえんバス」、No.72「日野セレガ　ジェイアールバス東北こまちカラー」、No.82「トヨタSORA」、No.95「ロンドンバス」、No.98「大型人員輸送車」（いすゞエルガ）、No.134「メルセデスベンツシターロ　京成　連節バス」の10種類である。また2020年にトミカが誕生50周年を迎えたことを記念して、No.8・20・42・49・72を10台ずつ、計50台をセットにした「バス車庫巡りツアー50台セット」が発売された（タカラトミーモールにて在庫がなくなり次第販売終了）。

092 ダイカスケールと
トレーンの製品

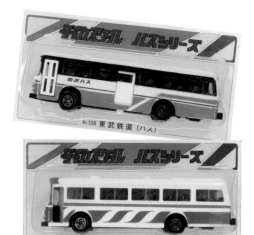

「ダイカスケール」は路線タイプ、観光タイプ、ダブルデッカーが全国各地の事業者のカラーで販売されている。いずれもトァが開閉できるのが特徴である

株式会社錦が製造・販売する「ダイカスケール」も、1970年代から続いている商品である。バスシリーズの縮尺は100分の1で、当初はシャーシもボディもダイカスト製だったが、のちにシャーシだけプラスチックとなり軽量化されている。

路線タイプは日野RE120（RC300）の前中引戸がモデルで、たとえば首都圏の事業者でいえば東京都交通局、京成電鉄、東武鉄道、国際興業、西武バス、京王帝都電鉄、京浜急行電鉄、東京急行電鉄、川崎市交通局、川崎鶴見臨港バス、横浜市交通局、相模鉄道、神奈川中央交通、関東鉄道、茨城交通、関東自動車など、このタイプの日野車がいなかった事業者まで販売されている。また北海道中央バスや宮崎交通、琉球バスなど、地方の事業者も多数ラインナップされている。

観光タイプは当初の日野RC・RVスタイルから、1980年代に富士R3スタイルに変更された。ラインナップは国鉄バス、はとバス、東京空港交通、京阪バス、広島電鉄など全国の事業者のほか、サファリバスや幼稚園バスも販売されている。

また1980年代のダブルデッカーブームの際、ネオプランをモデルにした新潟交通や西日本鉄道、ドレクメーラーをモデルにしたヤサカ観光バスや静岡鉄道、日産ディーゼルスペースドリームをモデルにした横浜市交通局などが販売されている。

鉄道模型「Nゲージダイキャストスケールモデルシリーズ」を製造・販売しているトレーンは、バスのミニカーも手がけている。1999年にスタートした「ポケットバス」は、ほぼHOゲージと同じスケールのダイカスト製である。路線タイプと高速タイプの2種類があり、いずれも特定の車種をモデルにしたものではない。路線タイプでは東京都交通局、神奈川中央交通、名古屋市交通局、名鉄バス、大阪市交通局、阪急バス、西日本鉄道など、高速バスではJRバス、はとバス、東京空港交通、西武観光バス、幼稚園バスなど、合わせて30商品が販売された。

この「ポケットバス」シリーズは廃番になったものの、2008年には「フェイスフルバス」シリーズがスタートした。縮尺率は同じく80分の1で、幼児が遊んでもけがをしないよう、ゴムなどの柔らかいパーツが採用された。また路線タイプはいすゞエルガと日野ブルーリボンⅡ、高速タイプはいすゞガーラと日野セレガと、モデルの車種が明確化されている。ラインナップは路線タイプが東京都交通局、小田急バス、北海道中央バス、近鉄バス、京阪バス、国際興業バス、西日本鉄道、東急バス、京都市交通局、名鉄バス、名古屋市交通局、仙台市交通局となっている。高速タイプがはとバス、富士急行、東京空港交通、関空リムジンバス、JR東海バスとなっている。

トレーンの「フェイスフルバス」シリーズは、いすゞエルガや日野セレガなどをさまざまな事業者のカラーで商品化

ラインナップを誇る
バスコレクション

　トミーテックの「THE バスコレクション」は、鉄道模型 N ゲージのストラクチャーとして、2003 年に発売された 150 分の 1 スケールのシリーズである。それまでの商品とは異なり、社番や方向幕など細部までリアルに再現されている点が特徴である。そのため、精度の高い鉄道模型と向き合ってきた鉄道ファンにも支持されている。通常シリーズのほか、小型バスをモデル化した「ミニバス編」、全国の都道府県の路線バスをモデル化した「全国バスコレクション」、首都圏・関西圏など主要都市の路線バスをモデル化した「わたしの街バスコレクション」、HO ゲージサイズ・80 分の 1 スケールの「バスコレクション 80」、専用の動力ユニットが組み込まれ専用道路の上を自走できる「バスコレ走行システム」などがあり、そのラインナップは他社を大きく引き離し、現在も新製品が続々と発表されている。

鉄道模型ファンにも大人気の「国鉄バスセット」。1970 年代の路線タイプ 5 台がセットになったもの

　通常シリーズの第 1 弾は、三菱ふそう MP118 系の東京都交通局、小田急バス、京浜急行電鉄、名古屋鉄道、阪急バス、国鉄バス、いすゞ BX352 ＋金産ボディの東京都交通局、小田急バス、名古屋市交通局、阪急バス、国鉄バス、シークレットの BX352・京浜急行電鉄空港色だった。以後、1 年に 1 ～ 3

回のペースで新製品が発売され、昨年は第28弾として、日野ブルーリボンハイブリッドの北海道中央バス、京成バス、横浜市交通局、富士急行、神姫バス、西鉄バス北九州、日野ブルーリボン HIMR の東京都交通局、関東バス、アルピコ交通、名古屋市交通局、京都市交通局、阪急バス、シークレットのブルーリボンハイブリッド・名古屋市交通局メーグル色が登場した。また「ミニバス編」は、2006 年に第 1 弾の日産ディーゼ

通常シリーズの「THE バスコレクション」第 5 弾。いすゞBU04 と西工 96MC を 14 種類のカラーでセットにした

ル RN と日野リエッセが発売され、以後は通常シリーズに組み込まれている。なお、「全国バスコレクション」「わたしの街バスコレクション」も同じスケールで、三菱エアロスター、いすゞエルガ、日野ブルーリボンなどが商品化されている。

「バスコレクション 80」では、日野ブルーリボン（RU638BB）、日産ディーゼル＋富士重工 5E ボディ、いすゞBXD50、日野ブルーリボンハイブリッド、いすゞエルガミオ、日野レインボーⅡが、さまざまな事業者のカラーで販売されている。

事業者とタイアップした商品もある。川中島バス 80 周年を記念してアルピコ交通とタイアップした日野 RC と日野 HU のセット

「バスコレ走行システム」では、日野ブルーリボンシティハイブリッド、三菱エアロスター、日野ブルーリボン HT/HU、西工ワンステップバス、メルセデスベンツ・シターロに、それぞれ動力ユニット、道路、バス停などがセットされ、販売されている。さらに、通常シリーズのバスを走行システムの道路上に走らせるための動力ユニットが、4 種類のホイールベースに合わせて 4 タイプ販売されている。

Point 094　ラジコンの京商がつくる バスシリーズ

「R/C バスシリーズ」の京都市営バス。いすゞ
エルガノンステップバス type-B がモデル

　ラジオコントロールカーを世界規模で展開する京商は、8分の1サイズや10分の1サイズの大きなエンジンカーや電動カーを主力商品としている。1963年に設立された老舗であり、2013年に創業50周年を迎えている。ラジコンエンジンカーを発売したのは1970年で、1990年代にはラジコンエンジンカーのレースも開始した。

　そしてスケールこそ80分の1とレーシングカーより小さいものの、ラジコンのバスもしっかり商品化されている。その名も「R/C バスシリーズ」で、「バスコレ走行システム」登場までは唯一、動かすことができるバスの模型だった。ラインナップはいすゞ BU04（東急バス、国際興業など）、いすゞエルガノンステップバス type-B（京都市交通局、大阪市交通局など）、日産ディーゼル UA ノンステップバス F タイプ（東京都交通局、京王電鉄バスなど）、日野ブルーリボンシティノンステップバス（京成バス、阪急バスなど）、三菱エアロスターノンステップバス（小田急バス、京浜急行バスなど）、いすゞガーラ SHD（三重交通など）、三菱エアロバス（江ノ電バス、名鉄バスなど）、三菱エアロキング（小田急箱根高速バス、JR バス関東、西日本 JR バス、JR 四国バスなど）で、セット販売の2チャンネル送信機能がついたコントローラにより、前進、後進、右左折を操作することができる。さらに、2017年には藤沢市の「いすゞプラザ」限定販売モデルとして、スマホの専用アプリから操作ができる80分の1スケー

ルのいすゞエルガが登場している。

　また京商は 1991 年に「ダイキャストカー」の販売も開始した。そして
このなかには、43 分の 1、80 分の 1、150 分の 1 という 3 つの縮尺サイズ
の「京商ダイキャストバスシリーズ」がある。ラインナップの一例をあげ
ると、いすゞ BXD30 の四国交通、いすゞエルガノンステップバス type-B
の京都市営バス、日産ディーゼル UA ＋富士 3E ボディの高知県交通、日
産ディーゼル UA ノンステップバス G タイプの西武バス、日野 RB10 の
東急バス、日野レインボー HR10.5m 尺の京浜急行バス、三菱エアロスター

「京商ダイキャストバスシリーズ」43 分の 1 スケールの
日野セレガ。東京空港交通ほか数社が販売されている

「京商ダイキャストバスシリーズ」150 分の 1 スケールの日
産ディーゼル UA。関東バスなどが商品化された

ノンステップバスの神戸市
営バス、いすゞガーラ HD
の都営バスや東都観光バ
ス、日野セレガ HD の遠鉄
バスや京阪バス、日野セレ
ガ SHD の東京空港交通や富
士急行、三菱エアロエース
の名鉄バスや神姫バス、三
菱エアロクィーンの関東自
動車や両備バスなどで、150
分の 1 サイズについてはセッ
ト販売も行われている。

　路線タイプから高速・貸
切タイプまで新旧さまざま
な車種に、43 分の 1 スケー
ルはもちろん、150 分の 1 と
いう小さなモデルでも、各
事業者個々に見られる仕様
の違いがきちんと表現され
ており、老舗メーカーの技
術が光るシリーズである。

希少なクラブバスラマと
アド・ウィング

　Point090 で紹介したバス専門誌『バスラマ・インターナショナル』を発行
しているぽると出版は、香港の模型メーカーと提携し、2000 年からバス模型
の販売を開始した。「クラブバスラマ」と名づけられた 76 分の 1 スケールの
モデルで、事業者ごとに異なる外装はもちろん、車内のインテリアまで再現さ
れている。バスを知り尽くした同社ならではのきわめて精巧な仕上がりといっ
てよいだろう。

　第 1 弾は三菱エアロスターノンステップバスで、東京都交通局、東急バス、
広島電鉄、カタログ仕様、京浜急行バス、札幌市交通局、九州産業交通、南
海バス、伊丹市交通局と、CNG 仕様の札幌市交通局、仙台市交通局、JR 北
海道バス、大阪市交通局、エコハイブリッドの名鉄バスが販売された。第 2

弾は日野セレガ R-FD で、奈良交通、近鉄バス、JR バス東北、東京空港交通、北海道中央バス、JR 北海道バス、JR バス東北「びゅうばす」が、折戸仕様や直結冷房仕様も含めて商品化された。第 3 弾は三菱初代エアロバスで、スイングドアのカタログ仕様と折戸の東名ハイウェイバスが発売された。第 4 弾は三菱エアロキングで、はとバス、JR バス

「クラブバスラマ」の三菱ふそうエアロスター CNG バスと三菱
エアロキング。車内のインテリアまで精巧に再現されている

関東、広島電鉄が選ばれている。第5弾はいすゞBX型ボンネットバスで、国鉄標準色の東日本仕様と西日本仕様、奈良交通が発売された。2009年の名鉄バスと「びゅうばす」を最後に新製品が見られず、今後の展開が待ち遠しいところである。

アド・ウィング製品のいすゞエルガ・芸陽バス復刻カラーと三菱エアロクィーン・西鉄バス「はかた号」。いずれも80分の1スケール

　実物のバスのカラーデザインなどを行っているアド・ウィングは、ハンドメイドによる「デスクトップモデル」の作成をバス事業者から受注している。デザイナーが手がけるカラーリングは繊細で美しく、実車の雰囲気がみごとに再現されている。80分の1スケールや43分の1スケールのモデルが次々に市販されている。

　現在のラインナップはすべて80分の1で、芸陽バス（復刻カラー）の日野ブルーリボン、関東バスの日産ディーゼルUA＋富士7E、西日本鉄道、東急バス（リムジンカラー）のいすゞガーラHD、東京空港交通、大新東の日野セレガHD、東京空港交通、小田急箱根高速バス、関東鉄道の三菱エアロエース、西日本鉄道、武井観光の三菱新型エアロクィーン、東急トランセの三菱エアロクィーンII、JRバス関東の三菱エアロキング・オープントップバスとなっている。また模型店の通販サイトでは、43分の1のJR北海道バスのいすゞLV＋富士7Eなども販売されている。

　クラブバスラマとアド・ウィングの製品は、大手メーカーの商品のように量産されていない。クオリティの高さから熱心なコレクターがおり、一定期間を経ると完売してしまう。欲しい製品が発売されたら、早めに購入したほうがよい。

実物を所有できるのは
バスならでは

　模型にとどまらず、実物のバスを所有しているファンもいる。地方では古いバスを倉庫代わりに使う姿が見られるが、ファンの所有するバスの多くは動態保存されている。　バスの現行モデルの新車は、観光タイプの日野セレガハイデッカーが約4,200万円、路線タイプ大型のいすゞエルガが約2,800万円、中型のいすゞエルガミオが約2,400万円と、戸建て住宅やマンションの分譲価格に匹敵するほど高価である。　しかし、マイクロバスの三菱ローザなら高級車なみの約750万円となり、顧客の送迎用に所有している旅館や飲食店も少なくない。中古購入の場合、大都市圏の廃車は車齢が若いバリアフリー仕様なので、100万円前後の価格で中古車業者や地方事業者に売られている。地方の廃車は車齢20年以上のものが多く、ふつうは減価償却後の簿価で処分されるので、数十万円程度にまで下がってくる。

　保管場所を確保してナンバーを取得し、必要な免許があれば公道で運転できるのは、鉄道車両にはないバスの魅力である。　とはいえ、白ナンバーのバスで有償の営業を行う "白バス行為" があとを絶たないため、旅館や飲食店のような明確な用途がない限り、ナンバーを取得することは難しい。　このためナンバーを取得せずに動態保存し、走らせるときだけ仮ナンバーを取得しているファンもいる。

首都圏から地方に移籍するノンステップバスの中古価格は100万円を超えるが、地方で廃車になる貴重なバスは買えない価格ではない

097 バスの動態保存には技術と資金が必要

　もし仮にバスを入手できたとしても、実際にバスを保存するためには、乗り越えなければならない数々の壁が存在する。まず、バスを現役時代のデザインのまま所有するには、その事業者の許可が必要である。しかし社名はもちろん、デザインについても、事業者が一個人に使用を許可してくれることはまずない。大好きなはずのカラーを、営業しているバスには例のないカラーに塗り替えなければならないのである。そして、あたりまえだが、バスは普通免許では公道上で運転ができない。マイクロバスでも中型免許、中型

松本電気鉄道のいすゞ BU はカラーを少し変えて個人が所有。京都バスの日産ディーゼル UA は現役当時のカラーでトミーテックが保存

車以上なら大型免許がなければ、運転を免許所有者に依頼しなければならない。さらにバスは機械だから、故障もするし、経年劣化もしていく。それを補修するには整備士資格か、それに匹敵する技術が必要である。技術がなければ外注せざるを得ず、多くの費用がかかることになる。

　ちなみに、バスの車検は1年ごとで、毎年20万円前後の出費となる。ナンバーを取得せず、整備技術があれば、車検代も整備費用もかからないが、故障や経年劣化による交換部品代は必ず発生する。古いバスほど部品の調達は難しく、その費用は膨らんでいく。動けなくなって廃車するにもレッカー代がかかる。それらすべてを受け入れる覚悟がなければ、バスを保存することはできないのである。

4台のナンバーを取得している日本バス保存会

　このように困難なバスの保存活動に、法人として取り組んでいるのがNPO日本バス保存会（特定非営利活動法人 日本バス文化保存振興委員会）である。日本バス保存会は、趣味団体である日本バス友の会から、2004年に分離・独立した法人である。日本バス友の会では1986年、山形交通（現・山交バス）で廃車になったいすゞのボンネットバスTSD40を譲り受け、ナンバーを取得して動態保存を開始した。保存が山交からの依頼だったため、同社のデザインのままバスを所有した。以後、保存車は少しずつ増え、10台を超える規模となった。TSD40以外はナンバーを取得していなかったが、現役時代の姿のまま保存する姿勢は一貫していた。

　友の会の保存活動がメディアで紹介されると、保存車をイベント等に使用したいという依頼が増加した。白ナンバーの車両で有償輸送はできないが、無償輸送に貸し出して使用料を得ることはできる。費用のかかる保存活動を続けるうえではありがたい話だが、任意の趣味団体ではイベントを主催する自治体等と契約を結ぶことができない。そこで、保存活動をNPO法人として独立させたのである。整備はバス事業者でプロの整備士として働く会員たちが手がけ、車検や大きな修理は保存活動に理解のあるバス事業者系列の整備会社が割安な価格で引き受けている。

　NPO法人の設立後にナンバーを取得した車両、新たに譲り受けた車両を含め、現在は4台が毎年車検を継続している。1台目は上記のいすゞTSD40で、4輪駆動のトラックシャーシに北村ボディが架装されたボンネットバスである。2台目はもと三重交通のいすゞBXD30で、川崎ボディが架装されたボンネットバスである。都内などの自動車NOx・PM法公布エリアでも使用できるよう、DPFの取り付け改造を行っている。3台目はもと信南交通の日野BT51で、

センターアンダーフロアエンジンの
シャーシに金産ボディが架装されて
いる。同社が貸切用として使用して
いたもので、両側2人掛けシートと
両側補助席がついた車内が特徴であ
る。4台目はもと岩手県交通の日野
BH15で、金産ボディが架装された
長尺ボンネットバスである。同社が
定期観光用として使用していたもの
で、平泉の観光スポットが描かれた
外装とハイバックシートが並ぶ内装
となっている。またナンバーを取得
していない車両のなかには、もとは
とバスのスーパーバス、もとJRバ
ス関東の東名ハイウェイバス、1970
年代に生産が打ち切られたトヨタと
日産の大型車も存在する。

もと岩手県交通の日野 BH15。堂々とした長尺車
であり、貴重な日野製のボンネットバス

もと信南交通の日野 BT51。「信州バスまつり」
に招かれ、長野県に何度か里帰りを果たした

　なお、NPOの本拠を茨城県に置いているため、ナンバーのある4台は県内
のイベントに招かれる機会が多い。なかでも「水戸の梅まつり」や「土浦桜
まつり」で走るバスの姿は、地元の人たちも心待ちにしているほどすっかり定
着している。

「水戸の梅まつり」で活
躍するいすゞTSD40
とBXD30。TSDは
NHKドラマ『ひよっこ』
にも使用された

バス事業者が所有している ボンネットバス

　バス事業者自身が動態保存しているバスもある。とくにボンネットバスは、中高年の郷愁を誘い、若年層にはもの珍しい存在として、営業運転に使用されると人気を呼ぶことから、ナンバーを取得して所有している事業者がいくつかある。

　その先駆けとなったのは東海自動車で、教習車として残っていたいすゞ BXD30（川崎ボディ）を 1976 年、修善寺駅〜河津駅間で「伊豆の踊子号」として運行開始。踊り子姿の車掌が乗ったこのバスの好評を受け、広島県の鞆鉄道から BXD30（帝国ボディ）をもう 1 台購入し、「伊豆の踊子号」を増発した。しかし次第に部品調達などが難しくなったため、中古購入した 1 台を廃車し、もともと自社所有だった 1 台の定期運行も休止した。現在はイベント時などに使用されている。

　徳島県三好市に本社を置く四国交通は 1982 年、すでに営業から退いていたいすゞ BXD30（富士ボディ）を使い、定期観光バス「西祖谷コース」を開設した。こちらも人気が高まったため、同型ボンネットの電源車 BXD20 にボディを新製したバスを追加した。しかし老朽化とともに整備が困難になってきたため、改造車はひと足先に廃車となり、残る 1 台も 2021 年秋の運行を最後に引退する予定である。

　岩手県北自動車は雪深い八幡平での足を確保するため、4 輪駆動のいすゞ TSD40 を何台も所有していた。そのなかの 1 台（川崎ボディ）がいまも残っており、毎年 12 月から 3 月まで八幡平マウンテンホテル〜松川温泉間で運行されている。また冬季以外にはほかのエリアで臨時運行されることがあり、2021 年は 4・5・9 月の土日祝日を中心に、遠野で市内の見どころを巡る定期観光バスとして活躍している。

　かつて東海自動車にボンネットバスを売却した鞆鉄道は、琴平参宮電鉄の

いすゞBX341（新日国ボディ）の廃車体を、福山自動車時計博物館が2003年に再生したボンネットバスを改めて購入。毎年4月から12月までの土日祝日、福山駅を起点に鞆の浦の史跡を巡る定期観光バスとして使用している。ウイング型のボンネットを持つこのバスは1958年式で、国内の現役最古のボンネットバスである。

　このほか、バス事業者がナンバーを取得して保有するボンネットバスは、北海道中央バス（BXD30）、広田タクシー（TSD40）、かもめ観光バス（BXD30）、ゆざわ魚沼タクシー（BX341）、山梨交通（TSD40）、濃飛乗合自動車（BXD30）、オーワ観光バス（BXD30・BXD50）、奈良交通（BXD30）、丹後海陸交通（BXD30）、神戸市交通局（いすゞFTR32FB）、備北バス（トヨタDB100）広島電鉄（BXD30）に現存する。奈良交通の車両は冷房改造されており、神戸市の車両もトラックシャーシにボディ架装した冷房車となっている。

東海バスのBXD30は修善寺営業所に所属。現在は定期運用がなく、イベント時などに活躍

呉市交通局の全路線を引き継いだ広島電鉄は、同局が所有していたBXD30を管理している

定期観光バスとしても使用された奈良交通のBXD30。外観を変えずに冷房改造されている

神戸市交通局のFTR32FBはトラックに新製ボディを架装。排出ガス規制をクリアしている

バス事業者が
保存しているレトロバス

沖縄バスの"730車"三菱 MP117K は旧塗色に復刻された。毎週日曜日に 39 系統で乗車できる

福島交通の三菱 MS726S は貸切車として新製されたが、現在は福島空港連絡バスとして活躍

関東バスの日産ディーゼル UA440HSN は武蔵野営業所に所属。定期運用には就いていない

越後交通の LV314L は本社営業所に所属。現在は貸切車として、ファン向けツアーにも使用

　日本バス友の会がバスの保存活動を開始した 1980 年代、ボンネットバス以外の旧型バスを保存しようというバス事業者はほとんどなかった。結果として多くの貴重なバスが友の会に託され、バス保存会が引き継いで保存することとなった。しかし、近年はバス事業者のなかにも、自社の歴史を振り返るうえで大切な 1 台を保存しようという動きが見られる。なかにはボンネットバスと同じように、ナンバーを取得して一般路線バスや貸切バスとして使用しているものもある。

　沖縄バスの 1064 号は 1978 年式の三菱 MP117K。通称 "730車" と呼ば

れるリヤエンジンバスである。沖縄県が日本へ復帰してから6年後の1978年7月30日、対面交通が右側通行から左側通行に変更された。これに対応するため、沖縄県のバス事業者に大量の右ハンドルのバスが新製投入された。沖縄県のバスの歴史を語るうえできわめて重要な車両。それが"730車"なのである。沖縄バスでは2002年、最後の1台だった1064号を動態保存することを決定した。続いて2008年には東陽バスも、最後の"730車"である906号・日野RE101の保存を決定した。いずれも保存開始にあたって徹底的な補修が行われ、毎週日曜日に一般路線で使用されている。

このほか、福島交通が1991年式の三菱エアロバスU-MS726S、茨城交通が1987年式の日野製中型バスP-RJ172BA、関東バスが1995年式の日産ディーゼル製3扉車U-UA440HSN、山梨交通が1985年式のいすゞ製中型バスK-CCM410、越後交通が1987年式の富士5E型ボディ架装車いすゞP-LV314Lの車検を継続しており、動態保存と明言しているわけではないが、意図的に廃車を見送って所有を続けている。

ナンバーこそ取得していないものの、車庫内や工場内で大切に保管されているバスもある。西武バスは奥秩父の狭隘路を走りやすいように、車体の側面上部を内側に大きく傾斜させたいすゞ製"三角バス"を保存している。京成バスは幕張新都心で活躍したボルボ＋富士重工製の連節バスを残している。神奈川中央交通は戦時下に活躍した代燃車を復元した薪バス「三太号」を所有している。西日本JRバスは東名ハイウェイバス開業時に製造された三菱＋富士重工の高速バスの保管を続けている。京都市交通局は1980年代に洛西ニュータウンで活躍した電気バス、1990年代に観光路線"洛バス"で活躍したレトロ調の「チンチンバス」を保存している。大阪シティバスは大阪市交通局の旧塗色である、縞々模様をまとう日野製センターアンダーフロアエンジンバス"ゼブラバス"を引き継いでいる。大川自動車は1980年代に貸切車として活躍した日野の平ボディバスを保管している。

Profile

加藤佳一 (かとう・よしかず)

1963 年東京都生まれ。東京写真専門学校 (現東京
ビジュアルアーツ) 卒業。1986 年にバス専門誌『バ
スジャパン』を創刊。1993 年から『BJ ハンドブック
シリーズ』の刊行を続け、バスに関する図書も多数
編集。主な著書に『バスで旅を創る!』(講談社＋α
新書)、『一日乗車券で出かける東京バス散歩』(洋
泉社新書 y)、『路線バス終点の情景』(クラッセ)、『シ
ニア バス旅のすすめ』(平凡社新書) などがある。
NPO 日本バス文化保存振興委員会理事。日本バス
友の会会員。

参考文献

『日本のバス年代記』鈴木文彦著 (グランプリ出版)

『高速バス大百科』鈴木文彦著 (中央書院)

『バスラマ・インターナショナル』各号 (ぽると出版)

『バスジャパン・ハンドブックシリーズ』各巻 (BJ エディターズ)

バス事業者各社社史

編集
揚野市子（「旅と鉄道」編集部）

ブックデザイン
大久保敏幸、斉藤祐紀子、徳野なおみ
（有限会社 大久保敏幸デザイン事務所）

校閲
後藤さおり

プラスBUS001

『バス・ジャパン』編集長が教える

バス趣味入門

2021年7月27日　初版第1刷発行

著　者　加藤佳一
発行人　勝峰富雄
発　行　株式会社天夢人
〒101-0054　東京都千代田区神田錦町3-1
http://temjin-g.com/
発　売　株式会社山と溪谷社
〒101-0051　東京都千代田区神田神保町1-105
印刷・製本　大日本印刷株式会社

◉ 内容に関するお問合せ先
天夢人　電話 03-6413-8755

◉ 乱丁・落丁のお問合せ先
山と溪谷社自動応答サービス　電話 03-6837-5018
受付時間　10時-12時、13時-17時30分（土日、祝日除く）

◉ 書店・取次様からのお問合せ先
山と溪谷社受注センター　電話 03-6744-1919　FAX03-6744-1927

Printed in Japan
ISBN978-4-635-82303-6